»Dieses Buch ist ein Juwel – es nährt Körper, Geist und Seele und bietet kompetente Hilfe. Was die Autoren ›Weg der Bewusstheit‹ nennen, ist eine authentische Umsetzung der sogenannten Achtsamkeitspraxis in leicht verständliche Sprache. Schritt für Schritt führen sie uns in diese anerkannte Methode ein, die uns mit unserem inneren Terrain vertraut macht und so ermöglicht, dass wir uns von der Tyrannei von Angst und Furcht befreien.«

Dr. Saki F. Santorelli, Direktor des Zentrums für Achtsamkeit in Medizin, Gesundheitsvorsorge und Gesellschaft, außerordentlicher Professor für Medizin an der Medical School der Universität von Massachusetts und Autor des Buches *Zerbrochen und doch ganz: Die heilende Kraft der Achtsamkeit*.

Jeffrey Brantley

Wendy Millstine

Meditationen für mehr Achtsamkeit

Praktische Anleitung für einen entspannten Alltag

Aus dem Amerikanischen von
Stefanie Schaeffler

südwest

Erstveröffentlichung by New Harbinger Publications, Inc., Oakland, USA 2008
Originaltitel: Daily meditations for calming your anxious mind

Bildnachweis
gettyimages, München: U1 (Eightfish)

FSC
Mix
Produktgruppe aus vorbildlich bewirtschafteten Wäldern und anderen kontrollierten Herkünften
Zert.-Nr. SGS-COC-1940
www.fsc.org
© 1996 Forest Stewardship Council

Verlagsgruppe Random House FSC-DEU-0100
Das für dieses Buch verwendete FSC-zertifizierte Papier *Munken Print* liefert Arctic Paper Munkedals AB, Schweden.

Redaktion: Nina Andres
Projektleitung: Birte Schrader
Redaktionsleitung: Karin Stuhldreier
Herstellung: Sonja Storz
Satz: Filmsatz Schröter, München
Umschlag und Konzeption: R.M.E. Eschlbeck/Kreuzer/Botzenhardt
Druck und Bindung: GGP Media GmbH, Pößneck

Printed in Germany

ISBN 978-3-517-08528-9

817 2635 4453 6271

Für meine Freunde, deren endloses Mitgefühl und deren Verständnis das Feuer der Liebe und der Inspiration in meinem Leben entzündet haben.
Für Kayla Sussell, deren Liebe und Rat mein Leben mehr bereicherten, als ich mir jemals hätte träumen lassen.

Wendy Millstine

Für alle Menschen, die für Frieden, Gerechtigkeit und Menschenwürde kämpfen. Mögt ihr immer behütet sein und euch von Weisheit und Mitgefühl leiten lassen!

Jeffrey Brantley

Inhalt

Einleitung

Wir leben im gegenwärtigen Augenblick.

Unsere Innenwelt und die äußere Welt begegnen sich im Hier und Jetzt. Jede dieser Welten reagiert auf die andere und beeinflusst sie umgekehrt bis zu einem gewissen Grad.

Können Sie jetzt, genau in diesem Moment, den sich ewig wandelnden Fluss Ihres eigenen Innenlebens und des Lebens um Sie wahrnehmen? Richten Sie Ihre Aufmerksamkeit konstant darauf? Ist Ihr Herz erfüllt von Neugier und Zuneigung oder von Trübsinn, Furcht oder sogar Ablehnung dessen, was mit Ihnen gerade geschieht? Es sind diese unbewussten und gewohnten Reaktionen von Körper und Geist auf die tatsächlichen und eingebildeten Bedrohungen des Lebens, in denen wir hier und jetzt gefangen sind.

Meditation ist eine Aktivität, die sensible Aufmerksamkeit von uns verlangt, eine Bewusstheit, die nicht urteilt, Freundlichkeit und Mitgefühl. Dafür ermöglicht sie ein tiefes und weises Verständnis unserer selbst und die Erkenntnis, wie wir mit mehr Leichtigkeit und Zufriedenheit leben können. Meditation ist eine uralte und vielseitige Methode, mit der Sie Ihre innere Welt und Ihre Reaktionen auf die äußere Welt überprüfen und umgestalten können.

Furcht ist die Reaktion von Körper und Geist auf Bedrohung oder Gefahr. Die Fähigkeit, auf Bedrohungen zu reagieren, ist in uns angelegt und wird vom sogenannten Sympathikus, einem Teil des vegetativen Nervensystems, gesteuert. Die komplexen, rasch aufeinanderfolgenden Reaktionen von Körper und Geist, die eine Bedrohung hervorruft, nennt man auch *Kampf-oder-Flucht-Reaktion (fight or flight response)* oder *Stressreaktion.* Interessanterweise reagiert der Körper sowohl, wenn er eine tatsächliche Gefahr außerhalb seiner selbst wahrnimmt (z. B. wenn Sie eine Sirene hören oder Rauch riechen), als auch dann, wenn er vom Gehirn Signale empfängt, die eine Gefahr nur suggerieren. (Wenn Sie zum Beispiel mit dem Auto im Stau stehen und dabei denken: »Jetzt sitze ich hier fest und mein ganzer Tag ist verdorben.«).

Ängste sind Gefühle von Furcht, die der auslösenden Situation nicht angemessen sind oder die auftreten, wenn es gar keine aktuelle Bedrohung oder Gefahr gibt. Diese Ängste manifestieren sich in ständiger *Sorge*, charakterisiert durch endlose angstvolle und beängstigende Gedanken über eine Situation, die man innerlich vor Augen hat. Alle Ängste und Sorgen in uns, wie die Angst vor der Zukunft oder vor dem Ungewissen oder die Angst davor, ein Risiko einzugehen, und ständige Selbstkritik sind Beispiele eines einfachen Prinzips:

> *Ängste, übertriebene Furcht und Sorge entstehen, weil wir uns vom gegenwärtigen Moment abwenden und uns in Erinnerungen an die Vergangenheit oder Ansichten über die Zukunft verlieren.*

Ängste und Sorgen bilden natürlich selbst eine Erfahrung im gegenwärtigen Augenblick und sollten als solche gesehen werden und nicht als absolute Wahrheit oder unveränderlicher Persönlichkeitsdefekt. Das Abwandern der Aufmerksamkeit weg von der Gegenwart und hin zu einem anderen Ort, einer anderen Zeit ist normalerweise einfach eine unbewusste Geisteshaltung – ein Bewusstseinsmuster –, das wir erlernt haben, um den Herausforderungen des Lebens zu begegnen. Unglücklicherweise hilft eine solche unbewusste Aufmerksamkeitsverschiebung meist nicht gegen Angst und Aufregung, sondern führt stattdessen zu noch größerem Stress.

Das Gefühl, einsam und isoliert zu sein, entsteht aus mangelnder Aufmerksamkeit unseren inneren Reaktionen gegenüber und aus gewohnten Abwehrmustern, die wir mit Herz, Geist und Körper ausdrücken. Diese Reaktionen können unser Gefühl der Verbindung mit anderen beeinträchtigen. Wir stellen uns nicht mehr auf die ständig wechselnden Bedingungen des Augenblicks ein und beharren auf Gefühlen und Einstellungen, die unserer Angst und Sorge entspringen.

Aber die Freiheit liegt näher, als Sie vielleicht denken. Frieden, Leichtigkeit, Freude und die Entdeckung, dass das Leben ein Wunder ist, sind ebenfalls da, genau in diesem Augenblick. Sie müssen nur aufmerksam sowohl in Ihrer Innen- als auch in der Außenwelt leben, wo das Leben sich immerwährend entfaltet.

Die heilende Kraft von Achtsamkeit und Mitgefühl

Wir Menschen haben ein enormes Potenzial, die Art und Weise zu verändern, wie wir das Leben in und außerhalb von uns erfahren und damit umgehen und wie wir auf die mächtigen und verstörenden Energien von Ängsten, Furcht und Panik reagieren.

Ängste und Furcht werden Sie so lange regieren, bis Sie die Sprache und die Fähigkeit einer inneren Aufmerksamkeit entwickelt haben, mit deren Hilfe Sie diese Energien und Ihre gewohnten Reaktionen darauf verändern können. Der Schlüssel zu einer Veränderung liegt in Ihrer Fähigkeit und Ihrem Willen, Achtsamkeit zu entwickeln. Achtsamkeit ist eine auf den gegenwärtigen Augenblick gerichtete Aufmerksamkeit, ein gütiges und urteilsfreies Geschehen-Lassen.

Es ist wirklich nur das: Wir müssen lernen, in der Gegenwart zu sein, Herz und Geist zu öffnen und nicht mehr irgendetwas willentlich ändern zu wollen. Ganz aufmerksam sein. Dann wird sich alles von selbst verändern.

Achtsame Aufmerksamkeit im gegenwärtigen Augenblick zeigt Ihnen, dass Ängste, Furcht und Panik (und andere belastende Umstände) nur vorübergehend und nicht Sie selbst sind! Wer achtsam beobachtet, wird feststellen, dass unsere Reaktionen auf diese wechselhaften und unerfreulichen Energien von entscheidender Bedeutung sind. Gewohnte, unbewusste Reaktionen können die Erfahrung von Stress und Hilflosigkeit verfestigen oder sogar verschlimmern. Sobald Sie sich diese Reaktionen bewusst machen, können Sie weiser reagieren. Das eröffnet Ihnen eine enorme Freiheit und eine unerwartete Fülle von Möglichkeiten in jedem Moment und jeder Situation. Wenn Sie mit Hilfe verschiedener Meditationen Achtsamkeit üben, werden Sie erstaunt feststellen, wie wahrhaft unerschöpflich, schön und lebendig Sie bereits jetzt sind.

Auf den folgenden Seiten finden Sie Meditationen, Visualisierungen, Affirmationen und Gedankenreflexionen, die jeder Mensch nutzen kann, um den Herausforderungen von Furcht, Sorge und Ängsten im heutigen Leben begegnen und mit mehr Leichtigkeit und Freude leben zu können. Durch achtsame Aufmerksamkeit und mit einer offenherzigen und mitfühlenden Einstellung gegenüber jedweder Erfahrung entwickeln Sie eine gesteigerte Bewusstheit, Sie können besser für Ihr Innenleben sorgen und eine weisere und zufriedenstellendere Beziehung zur äußeren Welt und denen, die darin leben, aufbauen.

Jeder kann meditieren und davon profitieren

Der Gedanke, Ängsten, Furcht und Panik mit Achtsamkeit und Meditation zu begegnen, beruht auf einem evidenzbasierten Modell der Verwendung von Achtsamkeit in der Medizin, das unter dem Namen *mindfulness-based stress reduction* (MBSR) (Stressbewältigung durch die Praxis der Achtsamkeit) bekannt geworden ist. Dieses Modell wurde von Jon Kabat-Zinn und seinen Kollegen am Medical Center der Universität von Massachusetts in Worcester, Massachusetts entwickelt.

Seit den Anfängen im Jahr 1979 hat sich gezeigt, dass der MBSR-Ansatz bei der Behandlung verschiedenster medizinischer und psychologischer Beschwerden Erfolg hat, auch solcher, die von Ängsten und Depression bestimmt sind. Buchstäblich Tausende von Menschen auf der ganzen Welt haben Nutzen daraus gezogen, und die medizinische Forschung hat den positiven Einfluss der Praxis der Achtsamkeit auf viele Krankheiten und Beschwerden bestätigt.

Weil der Ansatz auf einem Gesundheitsvorsorgemodell basiert, sind diese auf Achtsamkeit aufgebauten Meditationen und Übungen für jedermann zugänglich. Achtsame Meditation, so wie sie hier zur Heilung und persönlichen Verände-

rung vorgestellt wird, bedarf keiner speziellen Religion oder spirituellen Orientierung. Jeder Mensch kann üben, achtsam zu sein, und davon profitieren.

Dieses Buch soll kein eigenständiges MBSR-Übungsprogramm darstellen. Aber es ist – was die Grundphilosophie und die Übungen betrifft – inspiriert vom MBSR-Ansatz und seiner Anwendung von Achtsamkeit, Freundlichkeit und Mitgefühl gegen Ängste, Furcht und Panik.

Wie man übt zu »Sein«, statt zu »Tun«

Alle Übungen in diesem Buch basieren, explizit oder implizit, auf *Achtsamkeit*. Achtsamkeit ist eine Bewusstheit, die sensibel, offen, gütig, sanft und neugierig ist. Achtsamkeit ist eine grundlegende menschliche Fähigkeit. Sie entsteht, wenn wir willentlich aufmerksam sind, auf eine Art und Weise, die nicht urteilt, die freundlich ist und die dem, was geschieht, nichts wegnehmen oder hinzufügen will. Dieses Zulassen wird manchmal *radikale Akzeptanz* genannt, weil es so radikal verschieden ist von unserer gewohnten Art, mit Erfahrungen umzugehen.

Normalerweise versuchen wir einfach, von den angenehmen Dingen mehr zu bekommen und den unangenehmen auszuweichen. Der größte Teil unserer Lebensenergie, ja sogar ganze Kulturen und Zivilisationen werden von dieser Grundorientierung des Verlangens nach guten und der Ablehnung von schlechten Gefühlen getragen.

Achtsam zu sein bedeutet, eine andere Position einzunehmen. Diese Position ist geprägt von sanfter, neugieriger und nicht beurteilender Aufmerksamkeit, ganz egal, wie angenehm oder unangenehm die Erfahrung auch sein mag.

Man sagt oft, dass man in der Achtsamkeit übt zu »sein«, statt zu »tun«. Man hört auf, Dinge ändern zu wollen, öffnet sich stattdessen und beobachtet das, was geschieht, genauer und umsichtiger und lässt es zu.

Wenn wir den Willen haben, das, was jetzt gerade in uns und außerhalb von uns geschieht, anzusehen und radikal zu akzeptieren *(Sein)*, schenken wir uns selbst die Freiheit von unbewussten Gewohnheiten wie Gier und Hass, die uns dazu treiben, wie verrückt nach bestimmten Erfahrungen zu greifen oder andere wie Ängste und Furcht abzulehnen *(Tun)*.

Das Sein statt des Tuns bewirkt dann, dass *das Sein das Tun durchdringt*. Dadurch, dass wir aufmerksamer sind und uns tiefer und bewusster mit dem gegenwärtigen Augenblick verbinden, können wir aufhören zu reagieren und stattdessen erkennen und die weiseste und effektivste Reaktion wählen auf jede Situation, die das Leben uns bietet.

Keine Sorge, wenn Sie die Beschreibung von Achtsamkeit nicht ganz verstanden haben! Sie werden in diesem Buch eine Fülle an Anleitungen und Meditationen dazu finden. Sie werden möglicherweise bald feststellen, dass Sie in Ihrem Leben bereits mehr Achtsamkeit geübt haben, als Sie sich bewusst waren! Sie haben sie nur bisher nicht so genannt.

Wie Sie dieses Buch sinnvoll nutzen

In den vier Hauptkapiteln dieses Buchs finden Sie Meditationen und Übungen, die alle auf Achtsamkeit basieren und nach den folgenden vier Themen gegliedert sind:

1. Entspannung und Geborgenheit finden

2. Freude und Angst annehmen

3. Mit Körper und Geist Freundschaft schließen

4. Sich mit der Ganzheit des Lebens verbinden

In den verschiedenen Meditationen und Übungen der vier Kapitel werden Sie die Sprache und die Fähigkeit für innere Achtsamkeit erlernen. Und Sie werden lernen zu verstehen, wie Ihre innere und die äußere Welt sich gegenseitig beeinflussen und in jedem Moment durchdringen.

Mit jeder neuen Lektion dieses Buchs werden Sie feststellen, dass die Herausforderungen des Lebens, einschließlich Angst und zahlreicher Sorgen, schon etwas weniger Kontrolle über Ihr Leben haben. Und Sie werden mit großer Freude entdecken, dass die Segnungen des Lebens für Sie immer sicht- und greifbarer werden.

Jedes der genannten Hauptthemen stellt lediglich einen Schwerpunkt für die Meditationen im jeweiligen Kapitel dar. Daneben werden Sie feststellen, dass diese grundlegenden Themen auf wundersame Weise in allen Meditationen dieses Buches immer wieder aufscheinen.

Deswegen gibt es keine »richtige« Art und Weise für die Verwendung dieses Buchs und keine spezielle Reihenfolge für die Meditationen. Welche Meditation Sie gerade wählen und wann zu welchem Zeitpunkt Sie üben, kann von Tag zu Tag und von Woche zu Woche variieren.

Der erste und wichtigste Schritt ist, dass Sie sich selbst die Zeit und Hinwendung schenken, jeden Tag ein wenig zu meditieren. Daraus wird sich eine Entdeckungsreise zu Ihrem eigenen Selbst entwickeln.

Wir laden Sie dazu ein, diese Themen und die verschiedenen Meditationen als Freunde und Verbündete zu sehen und sie mit der Zeit und Geschwindigkeit, die Sie persönlich brauchen, kennen zu lernen. Arbeiten Sie mit den Themen und Meditationen, die Sie ansprechen. Lernen Sie, auf Ihr eigenes Gefühl zu vertrauen, welche Themen wann für Ihr Leben am dringendsten sind und welche Meditationen Ihnen die größte Unterstützung und Weisheit bieten.

Im nächsten Abschnitt »Das Fundament« finden Sie mehr Informationen zu den Themen und ihrem Bezug untereinander sowie zur Nutzung dieses Buchs und außerdem detaillierte Anleitungen zum Üben von Achtsamkeit, Herzensgüte und Mitgefühl in den Meditationen.

Der Weg der Bewusstheit

Irgendjemand hat einmal gesagt, dass wir uns den Wogen des Lebens nicht entgegenstellen können, aber lernen, auf ihnen zu surfen.

Dieses Lernen, auf den Wogen des Lebens zu surfen, geschieht nicht einfach von selbst. Wenn starke Energien wie Ängste, Furcht und Panik auftauchen (und andere Herausforderungen wie chronische Schmerzen, Krankheiten oder verstörende Ereignisse und Bedingungen in der Außenwelt), sind Ihre Entschlossenheit zur und Ihre Erfahrung in der Anwendung von Achtsamkeit gefragt, und diese Erfahrung wird Sie dann unterstützen.

Achtsamkeit zu üben bedeutet, dazu entschlossen zu sein,

sich mit dem Leben in und außerhalb von Ihnen auf radikale Weise auseinanderzusetzen. Dann betreten Sie den »Weg« der Bewusstheit.

Dieser *Weg der Bewusstheit* besteht aus Mut, Vertrauen in sich selbst und dem bedingungslosen Willen, Achtsamkeit zu üben. Er lebt von einer großen Neugier auf das, was das Leben wirklich ist. Sie ermutigt Sie, zu fragen: Wie könnte das Leben sein, wenn es frei ist vom Gefängnis meiner Reaktionen auf Ängste, Furcht und Panik? Wie fühlt es sich an, frei von der Einschränkung zu sein, nur die angenehmen Dinge zu fühlen und jede unangenehme Erfahrung zu bekämpfen?

Der Weg der Bewusstheit wird genährt von der Kraft der radikalen Akzeptanz und des Mitgefühls für alle Erfahrungen, auf die Ihr Bewusstsein trifft.

Und, was am wichtigsten ist: Der Weg der Bewusstheit hängt davon ab, dass Sie sich in jedem Augenblick daran *erinnern* und mit Liebe und Barmherzigkeit Aufmerksamkeit schenken.

Ein Geschenk für Sie und andere

Sie sind eingeladen, sich beim Durchführen der Meditationen und Übungen dieses Buches daran zu erinnern, dass es nicht nur Ihnen selbst dient, Freiheit von Angst und Sorge zu suchen und zu üben. In einer Welt, die so aufgewühlt, verängstigt und hasserfüllt ist wie die unsere, wird der Frieden und die Weisheit, die Sie in der Ausübung von Achtsamkeit, Herzensgüte und Mitgefühl finden, ein Segen und gleichzeitig willkommenes Heilmittel für viele andere sein.

Mögen Sie und die ganze Welt also von Ihrem Üben profitieren!

Das Fundament

Wir leben im gegenwärtigen Augenblick.

In ebendiesem Moment tragen Sie in sich die Möglichkeit und die Voraussetzung, Ihre Erfahrung des Lebens zu ändern, mit all seinen Äußerungen, einschließlich der Freuden, Leiden und Ängste.

Lediglich durch sanftmütiges Wahrnehmen – ohne Beurteilung und mit Zuneigung und Dankbarkeit für Ihre Erfahrungen in Ihrer Innen- und der Außenwelt – werden Sie sich einer tieferen Verbindung bewusst und gelangen zu einem weiseren Verständnis dessen, wer Sie wirklich sind und was das Leben tatsächlich zu bieten vermag.

Nur Ihr persönliches Erleben zählt beim Meditieren

Diese täglichen Meditationen bieten zahlreiche Möglichkeiten, wie Sie Ihre angeborene Fähigkeit zu sensibler Aufmerksamkeit und mitfühlender Bewusstheit nutzen können, um Ihr gesamtes Potenzial im Menschsein zu entdecken. Und vor allem soll Ihnen dieses Buch neue Wege im Umgang mit den anstrengenden und verstörenden Energien von Furcht, Sorge und Angst vermitteln.

Um Ihre Ganzheit und all Ihre Möglichkeiten als Mensch genießen zu können, müssen Sie die Sprache und die Techniken der Bewusstheit und einer gütigen, mitfühlenden Aufmerksamkeit erlernen. Wenn Sie sich selbst als präsent, bewusst und offenherzig erleben, wird Ihnen das mehr über Sie selbst erzählen als alle anderen Erfahrungen einschließlich der schwierigen.

Um vollständig von diesen Übungen profitieren zu können, müssen Sie allerdings die Meditationen wirklich *durchführen*! Es reicht nicht aus, sie einfach nur *durchzulesen*, obwohl auch das schon hilfreich sein kann.

Regelmäßigkeit ist wichtig!

Es hilft, wenn Sie sich *angewöhnen, Ihre Meditationen durchzuführen, egal wie Sie sich fühlen.* Ob Sie aufgeregt, gelangweilt, schläfrig, ängstlich sind: Tun Sie es einfach!

Außerdem sollten Sie beim Üben *niemals die Erwartung haben, dass irgendetwas Bestimmtes passiert oder sich etwas ändert.* Das »Nicht-Beurteilen« und das »Nicht-Greifen« (im Sinne eines Nichts-erzwingen-Wollen) sind hilfreiche Einstellungen und Ihre Verbündeten beim Üben.

Geben Sie sich die Zeit und den Raum, den Sie brauchen, damit Ihre Meditationspraxis sich entwickeln kann. Das heißt, dass Sie jeden Tag ein wenig üben sollten, in formellen Meditationssitzungen oder informell zwischendurch im Alltag, wenn Sie zum Beispiel irgendwo warten müssen.

Machen Sie die Meditation zu Ihrem Freund und Verbündeten, und nehmen Sie sie mit sich, wohin Sie auch gehen. Wenn Sie tägliche Meditationen in Ihren Alltag einflechten, wird sich Ihre Erfahrung vertiefen, und Sie werden Ihre wahren Möglichkeiten zu Veränderung und Heilung entdecken.

Nur durch regelmäßiges Meditieren – in guten wie in schlechten Zeiten – werden Sie Ihre Kunst und Ihre Fertigkeiten im Meditieren entwickeln und lernen, auch den schwierigsten Herausforderungen mit frischem Blick und tiefer Bewusstheit zu begegnen.

Wenn Sie durch ein dunkles Tal von Furcht, Angst und vielleicht sogar Tod gehen müssen, werden Sie sich nicht auf einmal Ihrer Ganzheit und Stärke erinnern können. Wo werden Sie in solchen Momenten Trost finden, wenn Sie ihn nicht schon zuvor gefunden haben?

In jedem Moment, in dem Sie Meditieren üben, bereiten Sie sich darauf vor, den größten Herausforderungen des Lebens mit achtsamer Präsenz, Dankbarkeit, Mut, Weisheit und Mitgefühl zu begegnen.

Jedes Mal, wenn Sie beim Meditieren Widerstände, Unaufmerksamkeit oder Zweifel bemerken und dem nicht nachgeben, sondern mit Interesse und Sensibilität präsent bleiben, üben Sie sich selbst darin, mit den schwierigsten (und auch mit den glücklichsten) Situationen zurechtzukommen, denen Sie im Leben begegnen werden.

Darum raten wir Ihnen, die Übungen wirklich *durchzuführen*. Ihr Leben könnte tatsächlich einmal davon abhängen!

Die Bausteine Ihres Fundaments

Damit Sie dieses Buch sinnvoll nutzen können, sollten Sie die folgenden grundlegenden »Bausteine« kennen. Dieses Kapitel hier ist also eine Art Gebrauchsanweisung für die täglichen Meditationen.

Daneben werden Sie am Ende des Kapitels Informationen

zum Zusammenhang zwischen Meditation und Gesundheit finden, die Ihnen helfen, einerseits das Syndrom der Angst zu verstehen und andererseits die grundlegenden Prinzipien der Achtsamkeit, der Freundlichkeit und des Mitgefühls, die in diesem Buch verwendet werden. Wenn die täglichen Meditationen zu einem Teil Ihres Lebens geworden sind, ist es vielleicht sinnvoll, dieses Kapitel erneut durchzulesen.

Sie sind mehr als Ihre Gedanken, Gefühle und Reaktionen

Wenn Sie Achtsamkeit üben – die Kunst der freundlichen und »zulassenden« Aufmerksamkeit für den Fluss der Erfahrung durch den gegenwärtigen Augenblick – werden Sie sofort bemerken, dass Gedanken zutage treten, Empfindungen sich verändern und Reaktionen auf Ihre Erfahrungen in Geist und Körper stattfinden.

Wenn Sie diesen veränderlichen Fluss erkennen, wird Ihnen auch klar, dass Gedanken, Gefühle und Reaktionen *nicht* Ihre Identität ausmachen!

Die Menschen sagen Dinge wie: »Ich bin eine ängstliche Person«, »Ich bin nicht freundlich genug« usw., als ob Erscheinungen wie Angst und Freundlichkeit von Dauer seien und für sich eine Identität darstellen würden. Wenn Sie Achtsamkeit üben, werden Sie schnell sehen, dass sogar ganz persönliche und intensive Erfahrungen und Energien wie Angst und Panik nicht mit Ihrer Identität gleichzusetzen sind. Sie können sie nämlich bewusst wahrnehmen und beobachten, wie sie sich verändern und Sie schließlich wieder verlassen. Sobald Sie wissen, dass das *nicht* Sie sind, können Sie auf solche Erfahrungen im Hier und Jetzt ganz anders als bisher reagieren.

Ängste besser verstehen lernen

Ängste sind eine Furchtreaktion – ohne eine Bedrohung, die die Intensität der Furcht rechtfertigen würde, oder auch ganz ohne Bedrohung. Ängste können dauerhaft und chronisch sein oder nur kurz und akut auftreten. Sorge ist die Manifestation von Ängsten im denkenden Verstand, bei der sich Einstellungen und Gedanken, die die Furchtreaktion füttern und anfeuern, ständig wiederholen.

Die Gründe für Ängste und ihre Auswirkungen auf Körper und Geist sind komplex und noch nicht gänzlich erforscht. Einen guten Überblick über den gegenwärtigen Wissensstand liefert das *Arbeitsbuch Ängste & Phobien: Schritt-für-Schritt-Übungen und Meditationen zum Umgang mit Panik, negativen Selbstgesprächen und Angst auslösenden Körperzuständen* von Dr. Edmund Bourne. Er stellt fest, dass Ängste in einer *Prädisposition*, gewissen Auslösern und aufrechterhaltenden Faktoren begründet liegen. In anderen Worten: Eine Person kann eine *Prädisposition* für Ängste haben, die in ihrer Biologie genauso wie in den Lebensumständen der Familie, in denen sie aufgewachsen ist, begründet liegt. Bedingungen, die sich mit Ängsten später im Leben in Zusammenhang bringen lassen, sind enge Familienmitglieder, die selbst Ängste haben, Eltern, die einen übertriebenen Kontrollzwang haben und sehr kritisch sind, und Lebensumstände, die zu emotionaler Instabilität führen und der Ausbildung eines gesunden Selbstbewusstseins entgegenwirken.

Wenn diese Prädisposition auf gewisse *Auslöser* trifft, kann die betreffende Person Ängste in den verschiedensten Formen erleben. Übliche Auslöser sind der Verlust wichtiger Personen, einschneidende Lebensveränderungen, der Kontakt mit bestimmten Drogen und traumatische Erlebnisse.

Wenn der Auslöser dann zu Ängsten geführt hat, können aufrechterhaltende Faktoren die Intensität, Frequenz und Dauer von Ängsten bestimmen. Typische Faktoren sind das wiederholte Vermeiden des Auslösers, das Entwickeln von Selbstgesprächen, die angstbestimmt und selbstkritisch sind und auf falschen Einstellungen beruhen, das Fehlen von Kenntnis oder Zeit zur Entspannung von Körper und Geist und zur Ausübung freudemachender Aktivitäten und das Fehlen eines Glaubenssystems, das eine übergeordnete Bedeutung für das Leben liefert.

Es zeigt sich immer mehr, dass Meditation uns befähigen kann, Körper und Geist zu entspannen, uns selbst Trost und Wohlbefinden zu schenken und die Gewohnheiten negativer Selbstgespräche und Selbstkritik, die Ängste und Sorgen aufrechterhalten, zu erkennen und zu durchbrechen. Man weiß außerdem seit langem, dass Meditation unser Leben bereichern und es mit Bedeutung und Sinn erleuchten kann, indem sie unsere Aufmerksamkeit stärkt und sie auf den gegenwärtigen Augenblick lenkt.

Meditation als Medizin

Meditation in allen möglichen Formen repräsentiert eine uralte »innere Technik«, deren positive Wirkungen durch die moderne Wissenschaft entdeckt und weiter erforscht werden. Zusätzlich zu der anwachsenden medizinischen Forschung auf diesem Gebiet (auf die in diesem Buch nicht näher eingegangen werden kann) beschäftigen sich auch einige neuere Sachbücher mit den modernen wissenschaftlichen Ergebnissen über Meditation und ihre positiven Wirkungen.

Die Bücher von Jon Kabat-Zinn, besonders *Gesund durch Meditation. Das große Buch der Selbstheilung* und *Zur Besinnung kommen*, erklären die heilende und befreiende Kraft der Achtsamkeit bei unterschiedlichsten Stress- und Krankheitsbedingungen.

Daniel Golemans Wiedergabe eines wissenschaftlichen Dialogs mit dem Dalai Lama *(Dialog mit dem Dalai Lama: Wie wir destruktive Energien überwinden können)* erklärt, wie die moderne Wissenschaft gezeigt hat, dass Achtsamkeitstraining und Meditation die emotionale Stabilität stärken und eine positive Lebenseinstellung fördern können.

Sharon Begleys Buch *Neue Gedanken – neues Gehirn* beschreibt, wie die moderne Neurowissenschaft gezeigt hat, wie Meditationsübungen, die seit langem als »Training« für Herz und Verstand gesehen werden, tatsächlich messbare und bleibende Veränderungen im Gehirn hervorrufen können. Diese Fähigkeit des Gehirns, seine Struktur zu verändern, wird *Neuroplastizität* genannt und ist ein Konzept an der Schnittstelle zwischen der heutigen Neurowissenschaft und der Psychologie.

Daniel J. Siegel fasst in seinem Buch *Das achtsame Gehirn* moderne Erkenntnisse zur Achtsamkeit und zu ihrer positiven Wirkung auf körperliches, mentales und soziales Wohlbefinden zusammen und legt nahe, dass Achtsamkeitsübungen »Resonanz-Schaltkreise« im Gehirn stimulieren, so dass es momentane Zustände von Bewusstheit in einen länger anhaltenden Dauerzustand umwandeln kann.

In all diesen Werken gibt es ein vertrautes Thema: Damit aus Meditation irgendein Nutzen für Sie erwachsen kann, müssen Sie *tatsächlich* meditieren. So, wie die beste Medizin nur wirkt, wenn man sie nimmt, kann Meditation nur helfen, wenn man sie praktiziert.

Praxis des Meditierens

Beim Üben der täglichen Meditationen oder irgendeiner anderen Form von Meditation, die Sie bereits praktizieren, sollten Sie die folgenden Tipps beherzigen:

Formelles und informelles Meditieren

Es ist wichtig, Meditation sowohl formell als auch informell in Ihr Leben einzuflechten. *Formelles Üben* ist Meditieren als vorherrschende Aktivität während einer dafür eingerichteten Zeitspanne. Sie könnten zum Beispiel täglich fünfzehn bis dreißig Minuten in einem geschützten Rahmen dafür verwenden, Ihre Meditationspraxis zu vertiefen und zu erweitern – mit den Methoden, die Ihnen am meisten entsprechen.

Informelles Üben heißt, dass Sie meditative Bewusstheit oder bestimmte Übungstechniken in Ihr tägliches Leben einfließen lassen. So könnten Sie zum Beispiel, während Sie im Stau stehen, achtsam atmen oder eine Liebende-Güte-Meditation durchführen. Während Sie auf einen Termin oder auf einen Freund warten, könnten Sie achtsames Hören praktizieren oder achtsam mit Ihrem Körper in Kontakt treten.

Wenn Sie Ihre Meditationsfähigkeiten in formellen und informellen Situationen entwickeln, werden Sie spüren, was es bedeutet, Meditation als Freund und Verbündeten zu haben.

Wie lange sollten Sie meditieren?

Schon eine ganz kurze Meditation kann gut für Sie sein. In Studien wurden die positiven Auswirkungen formeller Meditationen von 20 bis 45 Minuten täglich belegt. Erfahrene Meditierende und Besucher intensiver Meditations-Retreats meditieren formell mindestens eine Stunde am Stück oder länger.

Aber lassen Sie sich dadurch nicht abschrecken! Meditation ist wie jedes Übungsprogramm für den Körper: Konzentration und Präsenz werden im Lauf wiederholter Sitzungen langsam aufgebaut. Beginnen Sie mit ein paar Minuten und steigern Sie die Zeit bis zu einer für Sie angenehmen Übungsdauer.

Versuchen Sie, so weit zu kommen, dass Sie nahezu jeden Tag zwanzig oder dreißig Minuten lang üben. Das ist die Basis dafür, dass Sie später auch andere und längere Meditationen durchführen können.

Wann, wo und wie?

Für Ihre formelle Übungszeit ist ein fester Zeitrahmen und ein Ort mit der nötigen Privatheit, einer bequemen Sitz- oder Liegegelegenheit und einem Gerät zum Anhören von Meditationsanweisungen hilfreich. Vielleicht statten Sie Ihren Meditationsort auch mit einigen inspirierenden Gegenständen, Bildern oder Büchern aus oder einem Heft zum Aufschreiben Ihrer Erfahrungen. (Aber denken Sie daran, dass diese Gegenstände Sie nicht vom Meditieren ablenken sollten!)

Je erfahrener Sie werden, desto leichter wird es, an allen erdenklichen Orten und in den verschiedensten Situationen zu meditieren. Wenn Sie aber gerade erst zu meditieren beginnen, sollten Sie sich möglichst viel Unterstützung zukommen lassen, um eine gesunde Meditationsroutine aufzubauen. Haben Sie sich einen behüteten und der Meditation förderlichen Ort geschaffen, dann sind Sie bereits einen großen Schritt in Richtung einer stabilen Meditationspraxis gegangen.

Angeleitete Meditationen oder Selbstanleitung?

Die Meditationen in diesem Buch können, wie viele andere auch, die Sie vielleicht bereits kennen, als angeleitet bezeichnet werden, weil sie ziemlich spezifische Übungsinstruktionen enthalten. Angeleiteten Meditationen zuzuhören bietet eine gute Möglichkeit, verschiedene Methoden und Übungspraktiken zum Meditieren kennen zu lernen.

Gut wäre natürlich, wenn Ihnen jemand beim Üben die Meditationstexte vorliest. Wenn Sie die Texte selbst aufnehmen, sollten Sie sie ganz langsam Zeile für Zeile lesen und nach jedem Satz eine kleine Pause machen. Dann können Sie beim Üben den aufgenommenen Instruktionen folgen.

Ab einem gewissen Punkt benutzen die meisten Menschen, die regelmäßig meditieren, keine angeleiteten Meditationen mehr. Sie verlassen sich auf eine oder mehrere Meditationsformen und arbeiten damit so lange, bis sie genügend Vertrauen haben, dass sie »ihre« Meditation an jedem Ort und zu jeder Zeit durchführen können. Vielleicht wählen ja auch Sie sich eine oder mehrere Meditationen aus diesem Buch aus. Das könnten Ihre Basisübungen werden und eine Art Anker für Ihre Meditation, wo auch immer Sie sich befinden.

Ganz besonders wertvoll ist es, wenn Sie eine grundlegende

Praxis der Achtsamkeit (z. B. des Atmens oder des Gehens) entwickeln, der Sie sich in jeder Situation zuwenden können. Wenn Sie Ihre Fähigkeit zum Achtsam-Sein ausbilden und ihr vertrauen, wird Sie das bei jeder anderen Meditationsmethode und in allen Lebenssituationen unterstützen.

Das Wichtigste: die richtige Einstellung

Allem zuvor Gesagten zum Trotz ist das Wichtigste für Ihr Meditieren die richtige Einstellung. Man kann diese auf verschiedene Weise beschreiben. Zum Beispiel haben Sie weiter vorne schon von »Nicht-Greifen« und »Nicht-Beurteilen« gelesen. Die richtige weise Einstellung zur Meditation mitzubringen, ist jedenfalls ein ganz entscheidender Faktor.

Führen Sie Ihre Meditationen mit Neugier und offenem Herzen durch, nicht mit irgendeiner offenen oder verborgenen Agenda im Kopf. Verabschieden Sie sich von dem Wunsch zu meditieren, »um etwas Bestimmtes zu erreichen oder zu verändern«. Meditieren Sie einfach! Seien Sie aufmerksam, ohne zu wollen, dass die Dinge so sind, wie sie Ihrem Verstand nach sein »sollen«.

Wenn Sie dieses Interesse, diese Neugier und dieses »Nicht-Wissen« in Ihre Meditation bringen, ob Sie nun formell oder informell stattfindet, werden Sie die wahren Segnungen des Meditierens erfahren.

Die grundlegende Einstellung der Achtsamkeit

Achtsamkeit heißt, mit offenem Geist und offenem Herzen willentlich aufmerksam zu sein, bedeutet ein Wahrnehmen mit einer radikalen Akzeptanz, die das, was Sie wahrnehmen, nicht verändern will. Und dieses Wahrnehmen ist zentriert im Hier und Jetzt.

Sie besitzen bereits die nötigen Voraussetzungen zum Achtsam-Sein. Und Sie können Ihre Fähigkeit zur Achtsamkeit durch Übung stärken. Genau darum geht es in vielen Meditationen dieses Buchs.

Als Jon Kabat-Zinn seine Achtsamkeitsübungen zur Stressreduktion und für mehr Gesundheit entwickelte (das weiter vorne bereits erwähnte MBSR-Modell), hat er sieben Faktoren oder Einstellungen benannt, die die Achtsamkeitspraxis unterstützen, wie sie in seiner Klinik von ihm selbst (und anderen) gelehrt wird. Man kann diese Einstellungen quasi als das »Herz« der Achtsamkeit ansehen, weil sie auf den Aspekt unserer Ganzheit als Menschen und auf die Möglichkeit größerer Intensität und Tiefe in unserer Aufmerksamkeit abzielen.

Die sieben Geisteshaltungen, die Kabat-Zinn als Grundlage der Achtsamkeitspraxis genannt hat, sind Nicht-Beurteilen, Geduld, den Geist des Anfängers bewahren, Vertrauen, Nicht-Greifen, Akzeptanz und Loslassen. Es könnte für Ihre Übungspraxis nützlich sein, mehr über diese Einstellungen zu wissen.

Nicht-Beurteilen und *Nicht-Greifen* wurden oben bereits erwähnt. *Geduld* meint die Geduld mit sich selbst und den unruhigen Bewegungen Ihres Geistes während der Meditation. *Den Geist des Anfängers bewahren* bedeutet, dass Sie jedem Augenblick und jeder Erfahrung, ja sogar jedem Atemzug Ihre Aufmerksamkeit entgegenbringen, als begegneten sie Ihnen zum ersten Mal: »nicht wissend«, neugierig und einladend. *Vertrauen* bedeutet, sich selbst zu vertrauen, dass Sie fähig sind, präsent zu sein und zu bleiben, aufmerksam zu sein und so zu wissen, was im gegenwärtigen Moment geschieht. *Akzeptanz* bedeutet den Willen, die Dinge genau so zu sehen, wie sie gegenwärtig sind (ohne sie dabei mögen zu müssen) – die Grundlage für wahre Veränderung und Heilung. Und *Loslassen* bedeutet, dass Sie Erfahrungen, die in Ihr Bewusstsein dringen, nicht folgen oder sie bekämpfen, sondern sie einfach ziehen lassen.

Wenn Sie also üben, willentlich aufmerksam zu sein – achtsam zu sein –, sollten Sie sich diese Geisteshaltungen immer wieder ins Gedächtnis rufen und sie einschließen, wenn Sie mit Aufmerksamkeit von Moment zu Moment präsent sind. Dann werden Sie reich belohnt werden.

Die Bedeutung von Herzensgüte und Mitgefühl

Herzensgüte ist die Freundlichkeit des Herzens. Herzensgüte wünscht Gutes, wünscht Glück und Wohlbefinden, Frieden und Gesundheit. Gütig sein lässt Sie ausnahmslos alle Erfahrungen willkommen heißen.

Mitgefühl ist das Bewegt-Sein vom Schmerz in einer Situation und das Verlangen zu helfen. Mitgefühl bringt die Bereitschaft mit sich, gegenüber dem Schmerz präsent zu bleiben, in der Hoffnung, Hilfe oder Erleichterung geben zu können.

Achtsamkeit – die Bewusstheit, die aus nicht beurteilender, zulassender Aufmerksamkeit entsteht – trägt die Energien der

Herzensgüte und des Mitgefühls in sich. Ihre Fähigkeit, »achtsam« gegenüber unterschiedlichen Gefühlen wie Angst und Sorge zu sein, hängt direkt von den Gaben der Herzensgüte und des Mitgefühls ab, die präsent sind, wenn Sie aufmerksam sind.

Man kann diese Verbindung zwischen Herzensgüte, Mitgefühl und Bewusstheit auch verdeutlichen durch die Frage: »Wie behandeln Sie das Leben?« Wenn Sie nämlich irgendeiner Sache den Krieg angesagt haben, wie zum Beispiel dem unangenehmen Gefühl der Angst, ist es sehr schwierig, dieser Erfahrung achtsam gegenüberzutreten. Wenn Aufmerksamkeit von Feindseligkeit und Abneigung getrieben ist, dann sind die Bewusstheit und die Weisheit, das Verstehen, die Heilung und Veränderung, die in diesem Moment möglich wären, wahrscheinlich blockiert.

Die Gewohnheiten der Abneigung und des Kampfes gegen verstörende Erfahrungen liegen tief, sind stark und häufig unbewusst. Auch wenn Sie Ihren Ängsten, Ihrem Schmerz, Ihrer Trauer Aufmerksamkeit schenken, können Sie unbewusst gleichzeitig dagegen ankämpfen und sich selbst deswegen scharf verurteilen.

Nur wenn Sie wirklich eine Haltung der radikalen Akzeptanz, des Zulassens und Willkommenheißens gegenüber allen Erfahrungen einnehmen, können Sie die wahre Kraft der Achtsamkeit erfahren, die Sie von tief verankerten Gewohnheiten des Reagierens auf schwierige Erfahrungen befreien wird.

Kapitel 3 dieses Buches, *Mit Körper und Geist Freundschaft schließen durch tägliche Meditation*, ist explizit der Beschäftigung mit den Einstellungen von Herzensgüte und Mitgefühl gewidmet. Wenn Sie lernen, diese Einstellungen gegenüber anderen, sich selbst und Ihrem Schmerz zu kultivieren, können

Sie Ihre Achtsamkeit stärken und die einengenden Gewohnheiten von Hass und Abneigung überwinden, die Ihre Wahrnehmung und die Erfahrung des Reichtums im gegenwärtigen Augenblick blockieren.

Weisheit und Gelassenheit entwickeln

Wenn es bei der Achtsamkeit darum geht, »zu sein, nicht zu tun« (in Bezug auf die Erfahrung, die gegenwärtig stattfindet), könnte man auch sagen, dass »das Sein das Handeln durchdringt«. (Das Achtsam-Sein führt also zu wirkungsvolleren Entscheidungen und zufriedenstellenderen Ergebnissen.)

Effektiveres »Tun« kommt dann direkt aus der Weisheit, die wir erlangen, wenn wir erkennen, was tatsächlich geschieht. Wenn Sie zum Beispiel beim Gedanken an eine Party oder andere gesellschaftliche Veranstaltungen in einem Wirrwarr von Sorge und Ängsten gefangen sind, können Sie »unachtsam« sein und in den alten Mustern des »Tuns« verharren – all die Denk- und Gefühlsmuster, die Ihre Ängste aufrechterhalten und sogar noch verstärken. Wenn Sie die üblichen Gedankenketten aus Zweifeln und Erklärungen weiterwuchern lassen oder sich in alte, verzweifelte Handlungsmuster stürzen, werden Sie die Situation nur verschlechtern bzw. sich im besten Fall kurzzeitig ablenken.

Wenn Sie dagegen dieses gewohnte reagierende »Tun« abstellen und einfach im Augenblick »sein« können, indem Sie Aufmerksamkeit, absolute Akzeptanz, Herzensgüte und Mitgefühl praktizieren, werden Sie bemerken, dass etwas völlig anderes passiert.

Aus dem Aufmerksamer-Werden erwächst Verstehen und Weisheit.

Der Stressgrad selbst nimmt dadurch vielleicht schon ab, aber – was wichtiger ist – durch Ihre Achtsamkeit verändert sich Ihre Beziehung zum Stress. Sie werden sich selbst als getrennt von den schwierigen und schmerzhaften Gefühlen erleben und vielleicht bemerken, dass zahlreiche Wahl- und Entscheidungsmöglichkeiten vorhanden sind. Und vielleicht entscheiden Sie sich sogar für eine Möglichkeit, die Sie bisher gar nicht gesehen oder für möglich gehalten haben.

Wenn Sie sich mit Ihrer Angst vor der Party sehr aufmerksam und achtsam Ihrer Innenwelt zuwenden, werden Sie vielleicht eine boshafte und kritische innere Stimme vernehmen, die Ihnen jegliche Sozialkompetenz und Attraktivität abspricht. Sie können diese Stimme entweder bewusst ignorieren oder sich selbst eine positive Affirmation oder irgendeine andere Form der Bestätigung zukommen lassen. So gewappnet treten Sie der Situation selbst dann mit mehr Gelassenheit gegenüber. Und lässt sich die boshafte Stimme das nächste Mal vernehmen, können Sie sich an Ihren erfolgreichen Umgang damit zurückerinnern und werden mehr Selbstvertrauen entwickeln.

Richten Sie nur für ein paar Momente die Aufmerksamkeit ganz bewusst auf das, was gerade geschieht, entsteht aus der Bereitschaft zu »sein« sogar in einer schwierigen Situation eine wirkungsvollere Art, das zu »tun«, was als Nächstes kommt.

Gelassenheit ist die Festigkeit und Klarheit von Geist und Herz, die es Ihnen erlaubt, jeder Situation mutig entgegenzutreten und die sich daraus entwickelnden Erfahrungen auf sich zukommen zu lassen, welcher Art sie auch sein mögen. Gelassenheit basiert nicht so sehr auf Willensstärke oder Entschlossenheit, sondern resultiert auf ganz natürliche Weise aus der Weisheit, die Sie erlangen, wenn Sie in der Gegenwart und offen gegenüber den veränderlichen Gegebenheiten in Ihrem Innern und in der äußeren Welt bleiben.

Wenn Sie Ihre Fähigkeit, im Augenblick zu verweilen, und die Vorteile des »Sein statt tun« erfahren und erkennen, dass Sie nicht aus Ihren Gedanken, Gefühlen und Sorgen und deren Wechselhaftigkeit bestehen, kann Sie das zu größerem Vertrauen und Mut und zu einer gesteigerten Festigkeit führen, wann immer diese Umstände Ihnen wieder begegnen.

Bei der Arbeit mit den täglichen Meditationen in diesem Buch werden Sie möglicherweise entdecken, dass Weisheit und Gelassenheit Sie auf erstaunliche Weise unterstützen. Nehmen Sie wahr, wie Ihre Konzepte und Erfahrungen von Weisheit und Gelassenheit sich verändern und wachsen, während Sie sich immer tiefer auf die Meditationen und Übungen einlassen.

Anleitung zum achtsamen Atmen

Atmen Sie einige Augenblicke achtsam.

Diese Anweisung wird Ihnen (auch in abgewandelter Form) in diesem Buch immer wieder begegnen. Sie stellt eine Einladung dar, sich mit sensibler und einladender Aufmerksamkeit im gegenwärtigen Moment zu sammeln.

Wenn Sie Ihre Aufmerksamkeit ganz bewusst auf den natürlichen Prozess des Atmens lenken, lösen Sie sich automatisch aus den üblichen Reaktionsmustern und der Identifizierung mit dem unbewussten Strom Ihrer Gedanken und Gefühle.

Eine Auswirkung von achtsamem Atmen ist, dass Sie sich sofort dessen, was in Ihnen und um sie herum gerade geschieht, mehr bewusst sind. Diese Bewusstheit ist die Basis dafür, auf eine neue und wirkungsvollere Art zu sehen und zu handeln.

Es folgen einfache Anleitungen für achtsames Atmen. Variationen davon tauchen immer wieder in den Übungen dieses Buches auf. Suchen Sie sich die Anleitungen aus, die Ihnen am meisten entsprechen, und machen Sie sie sich zueigen. Sie werden es nicht bereuen!

1. *Wann immer Sie achtsam atmen wollen, beginnen Sie, egal in welcher Position, damit, Ihrem Körper freundliche Aufmerksamkeit zuteil werden zu lassen und die Empfindungen in Armen, Beinen, Rumpf, Kopf und Gesicht zu spüren. Lassen Sie die Gefühle kommen und gehen und entspannen Sie Ihren Körper nach und nach. Versuchen Sie, verspannte Körperregionen so weit wie möglich loszulassen.*

2. *Wenn Ihr Körper sich entspannt hat und zur Ruhe gekommen ist, lenken Sie Ihre Aufmerksamkeit auf die Körperstelle, an der Sie Ihren Atem am besten spüren können. Das kann zum Beispiel Ihre Nasenspitze, Ihre Brust oder Ihr Bauch sein. Keine Stelle ist besser oder schlechter als eine andere. Bleiben Sie mit Ihrer Aufmerksamkeit bei dieser Körperregion.*

3. *Beobachten Sie die Empfindungen beim Atmen genau: Wie Ihr Körper sich dabei ausdehnt und zusammenzieht, ob der Atem flach oder tief ist usw. Lassen Sie dabei Ihren*

Körper wie gewohnt arbeiten, ohne den Atem auf irgendeine Weise zu kontrollieren. Spüren Sie einfach aufmerksam, wie die Empfindungen in Ihrem Körper kommen und gehen.

4. *Beim Beobachten des Atems werden Sie vielleicht eine kurze Pause am Ende der Einatmung und eine etwas längere am Ende der Ausatmung bemerken. Verharren Sie ein wenig in diesem Raum der Stille und spüren Sie, wie Ihr Atem sich daraus fortbegibt und wieder darin ankommt. Lassen Sie sich ganz von Klarheit und Stille erfüllen, während der Atem sanft durch Ihren Körper weht.*

5. *Während Sie mit wachsender Sensibilität Ihren Atem kommen und gehen lassen, wird Ihr Geist vielleicht anderen Empfindungen nachgehen, Geräuschen, Gedanken oder Gefühlen. Wenn das passiert, haben Sie nichts falsch gemacht. Seien Sie gütig und geduldig mit sich selbst! Beobachten Sie, wohin Ihre Aufmerksamkeit wandert. Sie haben keinen Fehler gemacht! Ihr Verstand tut nur, was der Verstand jedes Menschen tut.*

6. *Wann immer Ihr Geist zu wandern beginnt, bringen Sie Ihre Aufmerksamkeit behutsam zur Atmung zurück. Sie sollten dabei nicht kämpfen. Lassen Sie einfach Ihren Atem wieder ›herein‹, damit er wieder bei Ihnen im gegenwärtigen Moment ist, und beobachten Sie dafür genau diesen Atemzug jetzt.*

7. *Beim Üben bemerken Sie vielleicht, dass Ihr Geist von Gedanken nur so schwirrt. Das ist in Ordnung. Gedanken*

sind nicht Ihre Feinde. Sie müssen nicht gegen sie ankämpfen, müssen ihnen aber auch nicht folgen. Behandeln Sie Gedanken wie alles andere, das Ihre Aufmerksamkeit auf sich lenkt. Erlauben Sie ihnen, so zu sein, wie sie sind, und lenken Sie Ihre Aufmerksamkeit sanft wieder auf Ihren Atem zurück.

8. *Wenn Sie schon länger üben, werden Sie feststellen, dass die Empfindung eines inneren Raums, einer inneren Ruhe sich vertieft, sich nach außen öffnet und alles, was Sie erfahren, Gedanken, Gefühle, Empfindungen und Geräusche, in sich einschließt. Üben Sie, in diesem Raum zu verharren. Lassen Sie alle Erfahrungen mit den Empfindungen Ihres Atems durch diese Weite kommen und gehen. Verweilen Sie in dieser Stille und Weite, im gegenwärtigen Moment, wach, sensibel, einladend und ungestört von wechselnden Erfahrungen.*

9. *Üben Sie, so lange und so oft Sie möchten. Üben Sie unterschiedlich lange und unter wechselnden Umständen.*

10. *Zum Beenden der Übungseinheit öffnen Sie die Augen (falls Sie sie geschlossen hatten) und bewegen sich sanft.*

Die Anwendung der »täglichen Meditationen«

Als Zusammenfassung des bisher Gesagten und als Einstimmung auf Ihr Üben mit den täglichen Meditationen hier noch einmal die wichtigsten Punkte:

- *Nehmen Sie sich jeden Tag Zeit, die Meditationen zu üben und für sich zu entdecken, formell wie informell. Geben Sie sich selbst die Möglichkeit zur Heilung und Veränderung durch Meditation, indem Sie regelmäßig und mit Hingabe üben, wie immer Sie sich auch fühlen oder was immer gerade in Ihrem Leben geschieht.*

- *Sie müssen nicht alle Meditationen in diesem Buch durchführen und mögen! Sie müssen sich auch nicht an die Reihenfolge halten. Aber wenn Sie Heilung und Veränderung erfahren wollen, müssen Sie etwas tun!*

- *Es wird Ihnen helfen, sich mit den Hauptthemen dieses Buches vertraut zu machen.*

- *Diese Themen sind: Sicherheit und Leichtigkeit erwerben, Achtsamkeit in allen Lebenslagen, eine gütige und mitfühlende Einstellung sich selbst und den andern gegenüber, die Erkenntnis grundlegender Zusammenhänge und Bedeutungen, die in Moment-zu-Moment-Erfahrungen präsent sind.*

- *Geben Sie sich selbst ausreichend Zeit für diese Themen und die Meditationen in jedem Kapitel. Lesen Sie die Meditationen, lassen Sie die Texte auf sich wirken und probieren Sie die Meditationen in unterschiedlichen Situationen aus.*

- *Denken Sie daran, wie wichtig die richtige Einstellung ist! Machen Sie sich, ohne etwas erzwingen oder beurteilen zu wollen, freundlich und neugierig ans Werk.*

Versuchen Sie nicht, irgendetwas zu ändern oder zu bewirken, wenn Sie üben. Stellen Sie das Urteilen über sich selbst oder mögliche »Ergebnisse« Ihrer Meditation ab. Nutzen Sie stattdessen Zeit und Raum, die Sie sich selbst zum täglichen Üben zubilligen (einschließlich der nur im Geist vorhandenen Räume), um sich mit den Themen vertraut zu machen, den Übungen und damit, wie sie aufeinander und auf Ihr Leben mit seinen wechselnden Bedingungen wirken.

Wenn Sie ein Gefühl für die Themen und die unterschiedlichen Möglichkeiten entwickelt haben, die in der Vielzahl der Übungen liegen, können Sie tiefergehend mit den Übungen und Themen arbeiten, die Sie mit der größten Klarheit und Wärme ansprechen. Dabei kann Ihre Wahl täglich oder von Woche zu Woche wechseln. Bleiben Sie neugierig und experimentierfreudig, während Sie sich immer zielsicherer auf die Meditation Ihrer Wahl und die sich wandelnden Landschaften Ihrer Innen- und der äußeren Welt einlassen.

Wenn Sie tiefer in die Sprache und die Fähigkeiten der inneren Bewusstheit eindringen, ist es hilfreich, über Ihre Erfahrungen, Erkenntnisse und Fragen Tagebuch zu führen.

Ganz besonders wollen wir Ihnen ans Herz legen, eine grundlegende Praxis der Achtsamkeit zu entwickeln (wie etwa das achtsame Atmen). Vertrauen Sie auf Ihre Fähigkeit, in den unterschiedlichsten Situationen Achtsamkeit zu entwickeln. Erforschen Sie mit Interesse die vertiefte Praxis der Achtsamkeit, indem Sie Ihrem Atem, Ihren Körperempfindungen, Gedanken und Gefühlen achtsame Aufmerksamkeit schenken oder den wandelnden Bedingungen und der Stille bei der Meditation. Anleitungen dazu werden Sie in den vielseitigen Meditationen dieses Buches finden.

Und nicht zuletzt: Denken Sie daran, dass Sie lernen, auf

neue Arten zu sehen und in Beziehung zu treten. Bringen Sie sich selbst Geduld und Güte entgegen und genießen Sie Ihre Neugier und ein Gefühl des Staunens für all das, was geschieht.

Versuchen Sie, dieselbe Aufmerksamkeit und Zuneigung, die Sie für die Meditation aufbringen, auch auf Ihr restliches Leben anzuwenden. Das Ergebnis wird Sie erstaunen, und die Welt wird es Ihnen danken.

1

Entspannung und Geborgenheit finden durch tägliche Meditation

Beunruhigende Gefühle wie Ängste, Sorge und Furcht werde ich heute bewusst und mitfühlend annehmen, und ich werde üben, mich zu entspannen und die Erfahrung von Ruhe und Sicherheit in meinem Körper und Geist zu fördern.

In diesem Kapitel

Die Meditationen und Übungen in diesem Kapitel stellen eine Einladung dar, Ihre Fähigkeit zur Beruhigung von Körper und Geist zu erforschen. Alle Übungen beginnen mit achtsamer Aufmerksamkeit und der Absicht, sich den Bedingungen zuzuwenden, die Ihnen Frieden und Leichtigkeit verschaffen.

Gefühle von Angst und Sorge sind nicht Sie selbst, auch wenn sie sehr intensiv und störend sind. Wenn das Körpersystem auf Alarmstufe steht, ist auch der »Angstkörper« in diesem Moment ein anstrengender Gast. Und Ihr Angstkörper erhebt sich, ob nun die »Bedrohung« von außen kommt oder die angstmachenden Gedanken nur Ihrem Geist entspringen.

In solchen Zeiten der Aufregung wie auch in anderen Momenten ist es sehr nützlich zu wissen, wie Sie Ihre angeborene Fähigkeit zur Ruhe und Leichtigkeit aktivieren können. Wir Menschen besitzen nämlich neben dem System, das die Stressreaktion, den Kampf-oder-Flucht-Reflex, herbeiführt, auch ein zuverlässiges System zum Herbeiführen von Entspannung.

Sie können Ihre Fähigkeit zur Entspannung aktivieren, indem Sie Ihre Aufmerksamkeit lenken und sich bewusst bestimmter Gedanken und Bilder bedienen. Ihr Körper besorgt dann den Rest!

Wenn Sie die anderen Übungen aus den verschiedenen Kapiteln dieses Buchs durchführen, werden Sie bemerken, wie die natürliche Fähigkeit zur Entspannung beim Üben Besitz von Ihrem Geist und Körper erfasst. Entspannung ist zwar nicht das absolute Ziel der Achtsamkeitsübungen, aber ein gewisser Grad von Ruhe und Leichtigkeit ist eine große Hilfe für die Achtsamkeit und die Weisheit, die daraus folgt.

Beim Üben

Es ist nützlich, einige Punkte ganz besonders im Kopf zu behalten, wenn Sie die Übungen durchführen:

- *Sie müssen nicht gegen Ihre Ängste und Sorgen ankämpfen. Hören Sie nur einfach auf damit, sie zu nähren!* Lassen Sie sie einfach hinter sich und richten Sie Ihre Aufmerksamkeit auf den Übungsablauf.

- *Sie sind mehr als Ihre Ängste und Sorgen.* In diesen Meditationen und Übungen lernen Sie, darauf zu vertrauen, dass Sie ein großes Herz besitzen, das intelligent ist und fähig, sogar negative Gefühle in sich zu halten. Alle Meditationen und Übungen in diesem Buch weisen in Richtung Ihres Ganz-Seins – und dieses ist weit mehr als jede momentane Erfahrung oder negative Energie, die Sie spüren.

- *Besondere Aufmerksamkeit sollten Sie den Gefühlen widmen, die Ihnen nicht gestatten wollen, »zu entspannt« zu sein.* Diese Gefühle sind nichts Ungewöhnliches, und wenn Sie sie aufmerksam beobachten, werden Sie vielleicht vertraute Geisteshaltungen und Gedanken wiedererkennen, die Sie daran hindern, so entspannt zu sein, wie Sie sein könnten. Diese Geisteshaltungen und Gedanken kennen zu lernen, ist ein wichtiger erster Schritt, um sich von ihnen zu befreien.

– *Und zuletzt: Denken Sie bei allen Meditationen und Übungen in diesem Kapitel und diesem Buch immer daran, dass hier ein Paradox am Werk ist.* Sie wirken nämlich am stärksten, wenn Sie nicht versuchen, damit irgendetwas zu bewirken!

Also: Versuchen Sie *nicht* angestrengt, sich zu entspannen. Hören Sie auf, sich zu fragen: »Wird es klappen?« Und versuchen Sie auf gar keinen Fall, intensive und störende Gefühle bewusst vertreiben zu wollen.

Lenken Sie einfach Ihre Aufmerksamkeit auf die speziellen Anweisungen für die Meditation oder Übung, die Sie sich ausgesucht haben. Und denken Sie daran, dass das Nicht-Beurteilen, das Nichts-erzwingen-Wollen und das Geschehen-Lassen das Herz der Achtsamkeit bilden.

Zur Erinnerung

– *Aufmerksamkeit und Bewusstheit sind nicht Ängstlichkeit oder Aufregung.*

– *Sie selbst sind auch nicht Ihre Angst oder Aufregung.*

– *Ihr Ganz-Sein ist weit größer und stärker, so dass Sie jegliche momentane Energie wie Ängste, Furcht, Schmerz oder Sorge in sich aufnehmen können.*

- *Wenn Sie lernen, auf Ihre innere Fähigkeit zur Entspannung und Präsenz zu vertrauen, werden Sie mehr Selbstvertrauen empfinden und den Herausforderungen des Lebens selbstbewusster entgegentreten.*

1.
Gelassenheit: Im Alltag Frieden finden

Gelassenheit ist eine geheimnis- und kraftvolle Festigkeit und Unbeirrbarkeit gegenüber allen Herausforderungen und Veränderungen. Aber sie gründet nicht darin, dass Sie die Zähne zusammenbeißen, und auch nicht in sturer Willenskraft, sondern in der Weisheit und Offenheit des Herzens, die auf das Annehmen der Unvermeidlichkeit von Veränderungen auf jeder Ebene folgt.

Machen Sie diese Übung zu einer nachdenklichen Reflexion oder einer Meditation, begleitet von bewusstem Atmen, damit sie Ihnen Gelassenheit bringt.

Nehmen Sie sich ein paar Augenblicke Zeit, um achtsam zu atmen und zur Ruhe zu kommen, bevor Sie sich in diese Reflexionen versenken. Experimentieren Sie mit einem oder zwei der Sätze, atmen Sie weiter achtsam und beobachten Sie, welche Gedanken und Gefühle in Ihnen auftauchen.

Und denken Sie daran: Bei dieser Meditation geht es nicht darum, »es richtig zu machen«, sondern um das Entdecken und die Weisheit.

Wenn ich von Furcht erfüllt bin, möge ich erkennen, wie das Universum mich grüßt und tröstet.

Wenn ich vor Wut brenne, möge ich der Würde der anderen gedenken.

Wenn ich über meine Schwäche und Verletzlichkeit verzweifelt bin, möge ich mich daran erinnern, dass sie zu jedem Leben gehört.

Wenn ich voller Schmerz und Einsamkeit bin, möge ich mich selbst in Liebe und Mitgefühl halten.

Wenn ich vor Glück überschäume, möge ich darin baden – und es leichten Herzens wieder ziehen lassen.

Wenn ich mit absoluter Überzeugung gesprochen habe, möge ich mit meiner nächsten Bemerkung über mich selbst lachen.

So arbeiten Sie mit dieser Meditation

- *Während einer formellen Meditation, wenn Sie ruhig und konzentriert sind, können Sie einen oder mehrere dieser Sätze als meditative Reflexion in Ihr Bewusstsein hereinnehmen und auf das lauschen, was zurückklingt.*
- *Zum weiteren Nachdenken können Sie einen oder zwei Sätze auf einen Zettel schreiben, diesen an eine Stelle heften, wo Sie ihn den Tag über immer wieder sehen, und im Licht dieser Gedanken die verschiedenen Situationen, denen Sie begegnen, betrachten.*

2.
Sorgen fortschwimmen lassen

Ihre kritische innere Stimme kann einen perfekten Tag kaputtmachen. Denn wie ein plärrender Lautsprecher kann sie jegliches Selbstvertrauen, das Sie vielleicht besitzen, übertönen. Sie mustert alles abschätzig und äußert Dinge wie »Das solltest du aber nicht tun, du wirst dich sicher verletzen« oder »Vielleicht irrst du dich ja, trau dir also lieber nicht« oder »Du hast sowieso keine Ahnung, also lass es lieber bleiben!«.

Versuchen Sie es also mit dieser Visualisierung, um die ständig kritisierende Stimme zum Schweigen zu bringen und so Ihr Selbstvertrauen und Ihren Glauben an sich selbst wiederherzustellen.

1. *Setzen Sie sich bequem hin, schließen Sie die Augen und verbinden Sie sich mit Ihrem Atem.*

2. *Stellen Sie sich vor, Sie sitzen am grasbewachsenen Ufer eines sanft dahinfließenden Flüsschens. Sie sind zu diesem plätschernden Gewässer gekommen, um Ihrer negativen inneren Stimme Aufmerksamkeit zu zollen und zu bedenken, was sie zu sagen hat und wie sie es sagt, in welcher Sprache und welchem Ton. Diese Stimme kennt zu jeder Zeit Ihre ganzen Ängste und Sorgen. Erstellen Sie im Geist eine Liste von einigen dieser Ängste und Sorgen, die genau jetzt an die Oberfläche dringen.*

3. *Stellen Sie sich jetzt vor, jede dieser Ängste und Sorgen wäre auf ein vom Baum gefallenes Blatt geschrieben. Jedes der Blätter repräsentiert Ihren persönlichen Katalog an Gedanken, die verhindern, dass Sie sich sicher fühlen.*

4. *Wenn Sie einen guten Haufen Sorgenblätter beisammen haben, nehmen Sie eines nach dem anderen in die Hand und setzen es behutsam auf das Wasser, so dass der Fluss es mit sich nimmt. Sie erlauben Ihren kritischen Gedanken und Zweifeln, flussabwärts zu schwimmen und sich mit jedem Augenblick, der vergeht, weiter von Ihnen zu entfernen. Wenn Sie den Fluss hinunterblicken, können Sie diese forteilenden Unwägbarkeiten, die Sie in Unsicherheit verharren ließen, in der Ferne kaum mehr erkennen. Sehen Sie ihnen nach, bis sie endgültig verschwunden sind.*

5. *Wenn Sie fertig sind, öffnen Sie die Augen, strecken sich ein wenig und kehren zum gegenwärtigen Augenblick zurück.*

3.
Mit der Panik Freundschaft schließen

Das Zuhause oder einen anderen vertrauten, sicheren Ort zu verlassen kann verstörend sein und uns mit Panik und großer Furcht erfüllen. Panik kann sich in Herzflattern, Kurzatmigkeit oder Muskelverspannungen ausdrücken. Panik lähmt auch körperlich. Zum Beispiel, wenn Sie irgendwohin zum Arbeiten gehen müssen, wo Sie noch niemals waren, oder wenn Sie ganz plötzlich das Gefühl überfällt, ganz weit weg von jedem sicheren Ort zu sein.

Panik heißt, dass Sie sich nicht sicher fühlen. Panik kann dazu führen, dass man am liebsten weglaufen, sich verstecken oder zusammenbrechen möchte. Wenn in Ihnen Panik aufsteigt, können Meditation und Achtsamkeit Ihre Komplizen sein und Ihnen helfen, sich wieder zu beruhigen.

1. *Nehmen Sie sich einen Moment Zeit, um Ihre Panikgefühle wahrzunehmen, und sagen Sie sich, dass Ihre Ängste Sie daran erinnern wollen, freundlich zu sich selbst zu sein. Sie sollten sich für diese beunruhigenden Gefühle weder tadeln noch bestrafen.*

2. *Ihre Nervenkrise wird vorübergehen, wenn Sie sich gestatten, sich an Orte zu erinnern, an denen Sie sich sicher und geborgen fühlen. Erstellen Sie im Geiste oder tatsächlich eine Liste solcher Orte, wie zum Beispiel Ihr Schlafzimmer,*

Ihr Garten, Ihr Auto, der Garten Ihrer besten Freundin, Ihr Lieblingsrestaurant usw. Versetzen Sie sich im Geist an einen dieser Orte und nehmen Sie das Gefühl von Sicherheit dorthin mit, wo Sie sich im Augenblick befinden.

3. *Versuchen Sie, ein neues Bild von sich selbst entstehen zu lassen: Darin stehen Sie aufrecht und selbstbewusst da, haben Vertrauen in die neuen, ungewohnten Umstände und bewältigen Ihre Aufgabe sicher. Sie vertrauen darauf, dass Sie auch die nächste Aufgabe richtig ausführen werden. Sie finden die Stärke, das, was Sie begonnen haben, zu Ende zu führen.*

4. *Denken Sie darüber nach, wie Sie sich selbst genau jetzt Trost zukommen lassen können. Sie könnten sich selbst sanft in den Arm nehmen, wieder bewusst atmen oder eine Freundin anrufen, die Ihnen in Krisensituationen immer liebevoll beisteht.*

4.
Atem und Licht: Meditation zur tiefen Entspannung von Körper und Geist

Nehmen Sie sich mindestens 20 bis 30 Minuten Zeit, um sich während dieser Meditation durch Ihren ganzen Körper zu arbeiten. Wenn Sie weniger Zeit haben, können Sie auch nur mit einzelnen Körperregionen üben.

Man kann die Meditation im Sitzen oder Liegen durchführen. Wenn Sie sich fürs Hinlegen entscheiden, sollten Sie versuchen, nicht einzuschlafen. (Außer Sie benötigen wirklich Schlaf: Dann entspannen Sie sich und genießen Sie es, wegzuschlummern!)

1. *Setzen oder legen Sie sich bequem hin und atmen Sie einige Minuten lang achtsam und mit großer Aufmerksamkeit für Ihre Körperempfindungen beim Atmen.*

2. *Gestatten Sie Ihrem Geist nach und nach zur Ruhe zu kommen, während Sie auf Ihren Atem achten. Für die Dauer dieser Meditation müssen Sie nirgendwo anders hin, nichts anderes tun.*

3. *Stellen Sie sich vor, Sie befinden sich in einer strahlenden Wolke aus reinstem weißem Licht. Das Licht hat einen leichten Glanz und eine beruhigende Wärme, und Sie spüren intuitiv, dass es Freundlichkeit und Güte verströmt.*

4. *Richten Sie Ihre Aufmerksamkeit auf Ihren Kopf.*

5. *Stellen Sie sich beim Einatmen vor, Sie laden das herrliche Licht in Ihren Kopf ein, wo es jeden kleinsten Raum durchströmt – Ihren Schädel, Ihre Augen, den Mund, die Nase usw. Licht und Atem erfüllen jede Zelle und Ihr ganzes Körpergewebe.*

6. *Stellen Sie sich beim Ausatmen vor, dass der Atem unnötigen Stress und jegliche Verspannung aus Ihrem Kopf und all seinen Teilen und Räumen mitnimmt und Leichtigkeit und Entspannung zurücklässt.*

7. *Wenn Ihre Aufmerksamkeit abwandert oder irgendwelche Gedanken auftauchen, haben Sie nichts falsch gemacht! Beobachten Sie ruhig, wohin Ihre Aufmerksamkeit geht, und richten Sie auch dorthin das Licht und Ihren Atem. Sie können sich auch vorstellen, dass sich die Gedanken im Licht einfach auflösen.*

8. *Richten Sie Ihre Aufmerksamkeit behutsam wieder zurück auf Ihren Kopf, atmen Sie weiterhin achtsam und konzentrieren Sie sich wieder auf das Bild des Lichts.*

9. *Wenn Sie bereit sind, entspannt und mit Muße weiterzugehen, richten Sie Ihre Aufmerksamkeit auf Hals und Schultern und lassen den Atem das Licht dorthin bringen. Befreien Sie sich mit jeder Ausatmung von Stress und Anspannung, wie Sie es bereits mit Ihrem Kopf getan haben.*

10. *Bleiben Sie so lange bei Ihrem Hals und Ihren Schultern, wie es Ihnen guttut.*

11. *Wenn Sie bereit sind weiterzugehen, verlagern Sie Ihre Aufmerksamkeit auf Arme und Hände einschließlich Ihrer Finger.*

12. *Als Nächstes schicken Sie Atem und Licht bewusst und sanft durch Vorder- und Rückseite Ihres Rumpfs und tief hinein in Brust und Bauch.*

13. *Wenn Sie damit fertig sind, verlassen Sie den Rumpf wieder und gehen weiter zu den Hüften, den Beinen, Füßen und Zehen.*

14. *Während Sie sich auf jede Körperregion konzentrieren und bewusst hineinatmen, lassen Sie das Licht jede Zelle und jedes Gewebe durchdringen und ausfüllen. Erforschen Sie die Tiefen Ihres Körpers und spüren Sie den Strom der Empfindungen, die Schwingungen, wie hart die einzelnen Körperregionen sich anfühlen, welche Temperatur Sie haben, und sogar die Bewegungen der Luft.*

15. *Entspannen Sie sich während der ganzen Übung und lassen Sie sich von Atem und Licht nähren.*

16. *Wenn Sie einen bestimmten Körperteil, eine Körperregion zunächst nicht spüren können, entspannen Sie sich zuerst wieder. Atmen Sie trotzdem dorthin. Laden Sie das Licht dorthin ein. Und gehen Sie nach ein paar Atemzügen weiter.*

17. *Wann immer Sie abgelenkt sind, entspannen und beobachten Sie sich. Erleichtern Sie sich die störenden Gedanken durch Atem und Licht. Lenken Sie Ihre Aufmerksamkeit sanft wieder auf die Körperregion zurück, mit der Sie gerade arbeiten, oder konzentrieren Sie sich ein paar Augenblicke ausschließlich auf Ihre Atmung.*

18. *Wenn Sie sich durch den ganzen Körper gearbeitet haben, lassen Sie Atem und Licht durch Ihren ganzen Körper strömen. Atmen Sie bewusst und baden Sie im Licht, solange Sie möchten.*

19. *Lassen Sie sich von der Stille, Entspannung und dem achtsamen Umgang mit Ihrem Atem und Körper heilen und neu beleben.*

5.
Eine schützende Aura

Als Sie ein Kind waren, haben Ihre Eltern Sie wahrscheinlich fast täglich mit Sprüchen wie »Ein Unfall ist schnell passiert« und »Man kann gar nicht vorsichtig genug sein« ermahnt, dass Sicherheit an erster Stelle kommt. Heute wird dieses Bedürfnis nach Sicherheit und Schutz Sie vielleicht daran hindern, ganz normale Freizeitaktivitäten auszuüben, die andere Leute ohne jedes Zögern und ohne Angst genießen können. Vielleicht gehen Sie nicht zum Schwimmen, aus Angst, Sie könnten ertrinken, oder Sie fahren nicht auf der Autobahn wegen der Raser, die unterwegs sein könnten, oder Sie schlagen Einladungen für Reisen und andere Freizeitabenteuer aus, weil Sie Ihre Stadt nicht verlassen wollen. Das Unbekannte lauert ständig überall und behindert Ihre Fähigkeit, sich zu entspannen und das Leben einfach zu genießen.

Probieren Sie diese Achtsamkeitsübung aus, um die Angst zu überwinden und Abenteuern offen gegenüberstehen zu können.

1. *Machen Sie sich bewusst, wodurch bei Ihnen ein Gefühl der Unsicherheit aufkommt. Versuchen Sie herauszufinden, warum eine spezielle Situation, die Ihnen bevorsteht, Sorge in Ihnen weckt. Was daran fühlt sich gefährlich oder unberechenbar an? Haben Sie eine solche Situation in der Vergangenheit schon einmal erlebt? Kehrt sie immer wieder? Von welchen Gefühlen wird sie noch begleitet?*

2. *Nutzen Sie die Gelegenheit, in Gedanken kreativ zu werden und einen schützenden Raum, eine schützende Aura, um sich selbst zu entwerfen. Diese Aura kann sich so weit ausdehnen, wie Sie es wollen – über Meter oder Kilometer, das liegt ganz bei Ihnen. Welche besonderen Kennzeichen hat sie? Welche Farbe?*

3. *Wenn Sie Ihre schützende Aura aufgebaut haben, sagen Sie laut oder leise zu sich: »Ich bin hier sicher und geborgen. Nichts kann mir hier schaden. Ich bin vor jeder Gefahr geschützt. Ich kann tun, was mir Spaß macht, und es wird mir dabei gutgehen.«*

4. *Die Aura, die Sie umgibt, können Sie mitnehmen, wohin Sie wollen (in den Supermarkt, auf eine Party, ins Schwimmbad), und sie kann ganz schnell durch Meditation wieder so erweitert werden, dass sie auch Ihre Umgebung mit einschließt.*

6.
Die Straße zur Gelassenheit

Aufgrund eines sehr schweren Autounfalls, der ihr in einem Unwetter vor vielen Jahren zustieß, kann eine gute Freundin von mir nicht mehr im Regen auf der Autobahn fahren, ohne fürchterliche Ängste durchzustehen. Sie hat Angst vor Aquaplaning, Angst davor, die Kontrolle über ihr Auto zu verlieren, quer über die Fahrbahnen geschleudert zu werden und schließlich mit anderen Autos zusammenzukrachen. Obwohl sie seither immer unfallfrei gefahren ist, kann sie sich noch immer nicht auf einer Autobahn sicher fühlen, wenn es regnet.

Ob Sie nun Auto oder Rad fahren oder zu Fuß unterwegs sind, vielleicht haben Sie, wenn es um das persönliche Sicherheitsgefühl geht, ja auch jeden Realitätssinn verloren, weil Sie in Ihrem Leben einmal eine ähnliche Situation durchlitten haben.

Das nächste Mal, wenn die Angst Sie überfällt, können Sie mit dieser Übung versuchen, mit dem überwältigenden Gefühl des Bedroht-Seins zurechtzukommen.

1. *Halten Sie bei dem, was Sie gerade tun, inne. Fahren Sie zum Beispiel mit dem Auto an den Straßenrand oder suchen Sie sich ein ruhiges Plätzchen zum Hinsetzen, wo Sie die vorhergehende Tätigkeit ausblenden können.*

2. *Sehen Sie sich die kreisenden Gedanken, die Gefühle von Sorge und Beklommenheit, die Sie gerade jetzt beschäfti-*

gen, ganz genau an. Sind Sie in einer Dauerschleife grässlicher Notfallszenarios gefangen? Vielleicht fürchten Sie, Sie könnten einen anderen Autofahrer oder einen Fußgänger umbringen oder Ihnen selbst könnte etwas passieren. Lassen Sie diese beunruhigenden Bilder auftauchen und dann wieder wegziehen.

3. *Beruhigen Sie sich, indem Sie Ihre Gedanken kommen und gehen lassen, ohne aktiv etwas zu tun. Nehmen Sie sich Zeit zu erkennen, dass Sie in diesem Augenblick lebendig und wohlauf sind, kräftig und unverwüstlich, gesund und munter. Niemand ist verletzt worden, nichts ist kaputtgegangen.*

4. *Sagen Sie laut oder in Gedanken zu sich selbst: »Ich bin in keinen Unfall verwickelt. Keiner ist verletzt. Ich laufe nicht Gefahr, mir selbst oder anderen Schaden zuzufügen. Hier und jetzt bin ich sicher und vor jeder möglichen Bedrohung oder Gefahr geschützt.«*

5. *Wenn Sie in Erwägung ziehen, Ihre vorige Tätigkeit wieder aufzunehmen, beobachten Sie ganz achtsam all die kleinen Dinge, die um Sie herum geschehen. Der Regen ist von Mutter Natur geschickt, Ihren Garten zu wässern und die Erde zu verschönern. Die Wolken über Ihnen werden vorüberziehen und die milde Wärme der Sonne wieder durchlassen. Die Autobahn ist Ihr treuer Reisebegleiter, der Sie genau dorthin führt, wohin Sie fahren müssen.*

Jetzt können Sie weiterfahren und sich dabei zuversichtlich und sicher fühlen.

7.
Woher der Wind auch weht: Das Leben geschehen lassen

Diese Meditation tut gut, wenn Sie ganz entspannt sind, aber auch, wenn Sie große Anspannung spüren. Je mehr Sie üben, »den Wind einfach wehen zu lassen«, desto mehr Hilfe wird Ihnen diese Meditation bieten, wenn Sie bestimmten Situationen oder Herausforderungen entgegensehen.

1. *Nehmen Sie eine bequeme Haltung ein.*

2. *Richten Sie Ihre achtsame Aufmerksamkeit auf Ihren Atem. Spüren Sie ihn tief und vollkommen in Ihrem Körper. Bauen Sie Konzentration auf, indem Sie einige Augenblicke lang ausschließlich auf Ihren Atem achten.*

3. *Entspannen Sie sich und verabschieden Sie sich von dem Gedanken, irgendetwas ändern oder erreichen zu wollen.*

4. *Stellen Sie sich jetzt vor, dass Sie sich an einem wunderbaren Ort in der Natur befinden. Umgeben von Schönheit, können Sie spüren, wie der Wind um Ihren Körper streicht.*

5. *Lassen Sie all das, was Sie bewusst um sich erfahren – Geräusche, Empfindungen, Gedanken, Gefühle, einfach alles – in diesem Wind aufgehen.*

6. *Fühlen Sie, wie sich alles bewegt und verändert, bei Ihnen ankommt, Sie umweht, über Sie hinwegstreicht und dann wieder verschwindet.*

7. *Beobachten Sie, wie der Wind verschiedene Qualitäten annimmt: sanft, stark, stürmisch, böig, mild.*

8. *Entspannen Sie sich, während der Wind Sie so umweht. Lassen Sie ihn in all seinen Erscheinungsformen kommen und gehen.*

9. *Sie bleiben hier, in aller Ruhe, und geben sich dem Geschehen hin.*

8.
Soundtrack des Lebens

Musik nährt den Geist, macht das Herz leicht, berührt die Seele und weckt in uns den Wunsch, uns in ihrem Rhythmus mitzubewegen. Musik kann uns zu Tränen rühren, romantische Erinnerungen wecken und unsere kreative Seite ansprechen. Entspannende Musik kann einem ängstlichen Gemüt Erleichterung bringen. Überlegen Sie einmal, ob Sie sich eine CD mit Ihren persönlichen Favoriten an beruhigenden Songs zusammenstellen wollen, die Sie dann im Auto oder in der Arbeit immer dabeihaben.

1. *Denken Sie jetzt an eine oder zwei Melodien, die Ihnen in der Vergangenheit Ruhe und Gleichgewicht zurückgebracht haben. Vielleicht summen Sie sogar ein paar Takte vor sich hin oder legen die entsprechende CD ein, wenn sie schnell zur Hand ist.*

2. *Wenn Sie (im Geist oder tatsächlich) den richtigen Song gefunden haben, nehmen Sie sich einen Augenblick Zeit und überlegen Sie, warum Sie gerade diesen Künstler, gerade dieses Stück ausgewählt haben. Was verbinden Sie mit diesem Song? Achten Sie auf die subtilen Veränderungen in Tempo und Rhythmus. Welche Instrumente können Sie identifizieren – Flöte, Klavier, Gitarre, Percussion-Instrumente? Konzentrieren Sie sich auf die Melodie, die Har-*

monie, die Komposition und beobachten Sie genau, welche Gefühle all das in Ihnen auslöst. Wollen Sie mitwippen oder sich ins Bett verkriechen, oder bringt der Song Sie zum Lachen? Öffnen Sie Ihr Herz den Tönen und Worten, vielleicht verbirgt sich darin eine geheime Botschaft nur für Sie!

3. *Beobachten Sie, welche Gefühle an die Oberfläche dringen – Trauer, Freude, Erschöpfung oder Zufriedenheit. Lassen Sie all diese Gefühle in dem Song aufgehen. Wenn er zu Ende ist, werden Ihre Emotionen sich gelöst haben, und Sie können Ihren Tag frei und ruhig angehen. Machen Sie den Song zum Soundtrack Ihres Lebens, als tägliche Erinnerung, dass Musik eine tiefe therapeutische und heilende Wirkung für Ihren Körper und Geist haben kann. Sehen Sie ihn als Einladung, Ihre Seele tanzen zu lassen, ohne dass irgendeine Angst oder Sorge Sie behindert.*

9.
Ruhe inmitten des Sturms

Wenn Sie gerade von Ängsten erfüllt sind, haben Sie vielleicht das Gefühl, als ob hinter jeder Ecke Gefahr lauert. Angstmachende Gedanken können uns aus dem Nichts überfallen und uns beinahe vollkommen lähmen. Oft fängt es mit »Was, wenn«-Grübeleien an, Gedanken wie: »Was, wenn ich jetzt diesen Fußgänger überfahren hätte?«, »Was, wenn ich Krebs bekomme?«, »Was, wenn meine Kollegen meine Panik bemerken und mich für verrückt halten?«, »Was, wenn dieser Aufzug versagt und wir in die Tiefe stürzen?«, »Was, wenn mein Mann einen Autounfall hatte?«. Der Teufelskreis aus Katastrophengedanken verzerrt die Realität und erlaubt kaum mehr, dass wir uns sicher fühlen und darauf vertrauen zu überleben.

In der folgenden Meditation werden angstmachende Gedanken durch realistischere ersetzt, so dass Ihre Sorgen sich in Nichts auflösen.

1. *Nehmen Sie sich einen Moment Zeit, um die Gedanken, die Ihnen im Leben Angst machen, zu identifizieren, indem Sie im Geist oder tatsächlich eine Liste davon fertigen.*

2. *Überprüfen Sie, welche der Befürchtungen für Sie momentan noch Gültigkeit haben und welche eher nicht. Fragen Sie sich, wie realistisch diese Ängste sind. Wenn Sie z.B. Angst haben, Sie könnten jemanden mit dem Auto über-*

fahren, sollten Sie sich fragen, ob Sie schon jemals tatsächlich jemanden überfahren haben. Es ist sehr wahrscheinlich, dass Ihnen das bisher nicht passiert ist. Die Chancen stehen gut, dass es auch weiterhin nicht geschehen wird. Oder wenn Sie sich davor fürchten, dass ein momentan umgehender Grippevirus Sie lebensgefährlich erkranken lässt, sollten Sie sich fragen: »Was ist passiert, als ich das letzte Mal krank war?« Wahrscheinlich sind Ihre Halsschmerzen bald wieder abgeklungen, und Sie haben sich besser gefühlt, nachdem Sie eine dringend nötige Pause eingelegt haben.

3. *Fertigen Sie jetzt eine Liste von positiven, hoffnungsvollen und realistischen Affirmationen, die den alten »Was, wenn«-Gedankenkreisel ersetzen. Solche Affirmationen könnten zum Beispiel sein: »Ich bin eine gute und vorsichtige Autofahrerin, die seit Jahren unfallfrei fährt«, »Ich habe Vertrauen in meine Fähigkeit, Gefahren aus dem Weg zu gehen«, »Ich bin kräftig und gesund. Mein Körper hat ungewöhnlich gute Selbstheilungskräfte« oder »Alle meine Lieben sind sicher und behütet. Sie kommen jeden Abend gesund nach Hause«.*

Sie könnten diese Affirmationen auf Karteikärtchen schreiben und sie im Geldbeutel, in der Handtasche oder im Rucksack mit sich nehmen, so dass sie bei Bedarf immer bei der Hand sind und als Freifahrkarte aus dem Wirbelsturm der Ängste dienen.

10. Raum und Stille: Meditation zum Öffnen von Herz und Geist

Wenn wir bewusst versuchen, Dinge in einem neuen, veränderten Licht zu sehen, können wir uns dem unerbittlichen Griff unbewusster Wahrnehmungsgewohnheiten und eingeschränkter Sichtweisen entwinden.

Die folgende Meditation lädt Sie ein, sich Dinge, die Sie als gegeben hinnehmen, einmal genau anzusehen. Diese neue Betrachtungsweise kann nämlich alles ändern! Sie können diese Meditation jederzeit und an jedem Ort durchführen. Sie können sie zu einer formellen Meditation machen oder in abgekürzter Form informell im Alltag anwenden. Beide Formen sollten Sie genießen und daran wachsen.

1. *Atmen Sie eine Zeitlang achtsam.*

2. *Nehmen Sie sich vor, die Dinge in neuem Licht zu sehen, sie anders als sonst wahrzunehmen. Konzentrieren Sie sich in dieser Meditation vor allem auf Raum und Stille.*

3. *Entspannen Sie sich und blicken Sie achtsam um sich. Lassen Sie dabei vorgefasste Meinungen und Gedanken beiseite und versuchen Sie, die Dinge um Sie herum ganz unmittelbar zu betrachten, ihre Formen, Farben, Licht und Schatten, Bewegung.*

4. *Wenn Sie damit fertig sind, lenken Sie Ihre Aufmerksamkeit auf den Raum, der die Objekte, die Sie sehen, umgibt. Sehen Sie, wie jeder Gegenstand in einem weit größeren Raum der Leere existiert?*

5. *Betrachten Sie die Gegenstände und Räume in Ihrer Umgebung, solange Sie wollen.*

6. *Wenn Sie fertig sind, lenken Sie Ihre Aufmerksamkeit fort vom Betrachten des Raums hin zu einem achtsamen Lauschen auf Geräusche. Wenn es Ihnen hilft, können Sie dazu die Augen schließen.*

7. *Achten Sie darauf, wie vor und nach jedem Geräusch Stille herrscht. Lassen Sie die Geräusche kommen und gehen und konzentrieren Sie sich mehr auf die Stille dazwischen. Ruhen Sie sich mit und in der Stille aus.*

8. *Wenn Sie fertig sind, lassen Sie die Geräusche hinter sich und richten Sie Ihre Aufmerksamkeit auf die Gedanken und Gefühle, die Sie gerade haben.*

9. *Betrachten Sie diese Gedanken und Gefühle mit Achtsamkeit. Erlauben Sie ihnen, zu kommen und zu gehen, kämpfen Sie nicht dagegen an, folgen Sie ihnen aber auch nicht. Beobachten Sie, wie sie aus der Stille aufsteigen und wieder in sie zurückkehren. Spüren Sie den Raum und die Stille zwischen den Gedanken und Gefühlen.*

10. *Betrachten Sie den Raum und die Stille, wann immer Sie möchten. Sie sind immer zu Ihrer Unterstützung da.*

11.
Sinne-Scan

Betrachtet man die wirtschaftliche Lage, unsere finanziellen Belastungen und die hohen Arbeitslosenzahlen, könnten wir uns ständig Sorgen machen, unseren Arbeitsplatz zu verlieren. Berufliche Unsicherheit macht uns Angst: Wir könnten arbeitslos werden, Hunger leiden müssen oder obdachlos werden, ohne jegliche Ressourcen. Ängste wie diese können zu einem Teufelskreis panischer Gedanken über zukünftige Bedrohungen führen.

Vergessen wir dieses »Zukunftsdenken« und konzentrieren wir uns darauf, achtsam den gegenwärtigen Augenblick wahrzunehmen.

1. *Suchen Sie sich einen ruhigen Platz, um sich hinzusetzen und bei sich zu sein. Schließen Sie die Augen und legen Sie Ihre Hände bequem auf den Oberschenkeln ab.*

2. *Verbinden Sie sich mit Ihrem Atem und stellen Sie sich vor, dass jede Einatmung den Körper mit Energie versorgt und jede Ausatmung den Geist entspannt.*

3. *Nehmen Sie mit allen Sinnen Ihre unmittelbare Umgebung wahr. Was schmecken, hören, riechen, sehen und spüren Sie? Können Sie das Geklapper der Computertastaturen im Büro nebenan hören? Haben Sie noch den Nachge-*

schmack von Ihrem Butterbrot mit Erdbeermarmelade und dem Kaffee im Mund? Können Sie das Aftershave Ihres Partners riechen, das von der Umarmung am Morgen zurückgeblieben ist? Ist Ihnen warm geworden von dem schnellen Spaziergang von Ihrem Auto bis an den Arbeitsplatz? Was nehmen Sie sonst noch wahr?

Vor wenigen Augenblicken waren Sie noch gefangen in belastenden Gedanken, was die Zukunft bringen oder nicht bringen könnte. Werde ich morgen, nächsten Monat, nächstes Jahr noch einen Job haben? Heute jedenfalls haben Sie einen. Heute arbeiten Sie und tun Ihr Bestes, um den jetzigen Zustand aufrechtzuerhalten. Heute sind alle Rechnungen bezahlt, und Sie sind mit allem Notwendigen versorgt. Lassen Sie die Kraft Ihrer Sinne tätig werden, um sich aus den Fesseln des Zukunftsdenkens zu befreien! Sie befinden sich jetzt hier, in einer Kathedrale voller Raum, Schönheit und Faszination. Der kostbare »Augenblick des Jetzt« erwartet Sie und kann Sie zu einem Ort sanfter Gelassenheit führen, wann immer Sie es benötigen.

12.
Tröstliche Gefährten

Wenn Sie alles verallgemeinern und Probleme übertreiben, kann das Ihre Stabilität und Ihr Sicherheitsgefühl beeinträchtigen. Zum Beispiel beschließen Sie, nie wieder zu fliegen, weil Sie sich einmal im Flugzeug eine Erkältung geholt haben. Oder Sie haben einmal Angst im Aufzug bekommen, vermeiden Aufzüge deshalb jetzt um jeden Preis und nehmen immer die Treppen. Eine einzige negative Erfahrung trübt so Ihre Wahrnehmung von jeder ähnlichen Situation in der Zukunft.

Vielleicht werden Sie feststellen, dass Sie Ihre Reaktion darauf mit einem »immer« oder »nie« versehen: »Ich fühle mich immer so«, »Ich tue das nie«, »Das passiert mir immer«. Achten Sie auch einmal darauf, ob Sie häufig übertreibende Wörter gebrauchen, wie »massiv«, »riesig, »fürchterlich«, »schrecklich« usw.

Die folgende Meditation soll Ihnen helfen, Ihre Tendenz zur Übertreibung aufzudecken und ein ausgewogeneres Bild der Realität herzustellen.

1. *Fertigen Sie im Geist oder tatsächlich eine Liste Ihrer inflationären Verallgemeinerungen und Vereinfachungen. Beim Nachdenken über diese Liste sollten Sie nicht über sich urteilen oder sich kritisieren. Die Liste repräsentiert nämlich Ihre Strategien, um mit Angst zurechtzukommen und sich sicher zu fühlen.*

2. *Nehmen Sie sich jetzt einen Moment Zeit, um sich auf Dinge in Ihrer Umgebung zu konzentrieren, die dafür sorgen, dass Sie sich sicher und gut aufgehoben fühlen. Das kann Ihr Lieblingsmantel sein oder ein schöner, wolkenloser Tag oder dass Ihre Kinder zu Hause sind oder ein Abendessen mit Ihrem Partner, die Nähe Ihres Hundes oder Ihrer Katze oder ein Gespräch mit lieben Freunden am Telefon.*

Behalten Sie Bilder dieser Dinge, Personen und Momente, die Ihnen Sicherheit vermitteln, im Kopf, so dass Sie in Zeiten der Verunsicherung und Besorgnis darauf zurückkommen können. Diese beruhigenden Erinnerungen können Ihnen Gleichgewicht und Ruhe schenken. Es sind treue Gefährten, die Sie daran erinnern, dass Trost immer in Reichweite ist.

13.
Stark wie ein Berg

Wie besorgt oder ängstlich Sie sich auch fühlen mögen, die Erde unter Ihren Füßen bleibt bestehen. Auch Berge, stark und fest, sind ein Teil dieser Erde. Berge nehmen vieles auf sich und halten stand. Sie sind fest in der Erde verankert.

Wann immer Sie das Gefühl haben, Sie hätten den Kontakt mit Ihrer Kraftmitte verloren und seien nicht mehr richtig geerdet, können Sie sich mit dieser Meditation bei Ihrem Berg (und der Erde) Unterstützung holen.

1. *Nehmen Sie eine bequeme Position ein.*

2. *Atmen Sie ein paar Minuten lang achtsam, so dass Sie sich ruhiger und mehr im Hier und Jetzt fühlen.*

3. *Betrachten Sie Ihren Körper mit achtsamer Aufmerksamkeit. Werden Sie weich, öffnen Sie sich und beobachten Sie, wo ihr Körper pulsiert, schwer wird, sich zusammenzieht und ausdehnt. Lassen Sie diese Körpererscheinungen auftreten, durch den gegenwärtigen Augenblick hindurchgehen und wieder verschwinden.*

4. *Atmen Sie bewusst und bleiben Sie weiterhin ein paar Atemzüge lang offen für Ihre wechselnden Körperempfindungen.*

5. *Stellen Sie sich jetzt einen Berg vor Ihrem geistigen Auge vor. Es ist der wunderbarste, inspirierendste Berg, den Sie jemals gesehen haben. Vielleicht kennen Sie ja tatsächlich einen solchen Berg aus eigener Erfahrung, aus dem Fernsehen oder von einem Foto. Die bloße Gegenwart dieses Berges ist beruhigend.*

6. *Sehen Sie noch genauer hin, damit der Berg Ihnen seine besonderen Eigenschaften enthüllt. Achten Sie auf Formen und Farben. Vielleicht sind da Bäume und Wiesen, Schnee, steile Abhänge, Felsenabstürze. Vielleicht bemerken Sie Findlinge und kahle Flecken oder fette Wiesen voller Blumen. Wenn Sie ganz genau hinsehen, können Sie vielleicht sogar Wolken erkennen, Regen- oder Schneefall. Oder helles Sonnenlicht, Dunstschleier, Nebel.*

7. *Gehen Sie in Gedanken einen Schritt zurück und bewundern Sie die immense Großartigkeit Ihres Bergs. Fühlen Sie seine Festigkeit und majestätische Stärke.*

8. *Beachten Sie, wie der Berg wechselnde Bedingungen erträgt und doch immer unbeweglich stehen bleibt, während Menschen und Tiere, Wetter jeder Art, Tag und Nacht und alle Jahreszeiten über ihn hinweggehen.*

9. *Richten Sie Ihre Aufmerksamkeit wieder auf die Stille und Festigkeit in Ihnen selbst und in Ihrem lebendigen, atmenden Körper. Spüren Sie jetzt Ihre eigene Stärke. Lassen Sie den Berg – duldsam, fest und unerschütterlich – in sich sein. Fühlen Sie, wie Sie selbst zu diesem Berg werden.*

10. *Wiederholen Sie die Formulierung »stark wie ein Berg« ein paarmal, spüren Sie die Schönheit Ihres Herzens, Geistes und Körpers und Ihre Verbundenheit mit der Erde.*

14. Nicht jetzt, nicht hier!

Sogar wenn Sie sich stabil und zuversichtlich fühlen, kann die ständige Sorge an Ihnen nagen, dass Sie aus dem Nichts von einer Panikattacke überfallen werden. Der bloße Gedanke, unter Leuten einen Nervenzusammenbruch zu erleiden, hält Sie von gewissen Aktivitäten ab. Sie erfinden Ausreden, wenn Sie zu Freunden oder zu einem Rendezvous eingeladen werden. Ihre Mitmenschen können kaum verstehen, wie es ist, wenn man tagaus, tagein mit seiner Angst leben muss.

Diese Meditation hilft Ihnen, wenn Sie sich das nächste Mal vor einer sozialen Situation fürchten. Sie können sie aufnehmen. Sprechen Sie dazu langsam, deutlich und mit ruhiger Stimme.

1. *Setzen Sie sich gemütlich in einen Sessel oder auf die Couch und entspannen Sie Körper und Geist.*

2. *Konzentrieren Sie sich ein paar Minuten lang auf Ihren Atem und folgen Sie seinem natürlichen Rhythmus. Beobachten Sie, wie die Luft Ihre Lungen füllt und wieder hinausströmt. So verbinden Sie sich mit der lebenswichtigsten Körperfunktion überhaupt – dem Atem.*

3. *Vielleicht schwirren wilde Gedanken durch Ihren Kopf – manche gutmütig und banal, andere verstörend und verdrießlich. Lassen Sie sie kommen und gehen und ihren*

kleinen Tanz in Ihrem Gehirn aufführen, als wären sie winzige Tänzer, die einander umkreisen, Pirouetten drehen und ohne Unterlass herumwirbeln. Was sagen sie? »Ich muss mich duschen«, »Die Hundehaare müssen weggesaugt werden«, »Wen sollte ich heute gleich wieder zurückrufen?«, »Habe ich diese Rechnung bezahlt?«, »Ich kann nicht zu dieser Dinner-Party gehen. Vielleicht laufe ich da meinem Ex in die Hände. Was, wenn ich dann vor allen Leuten die Nerven verliere? Ein Alptraum!«, »Ich muss heute zur Wohnungseinweihung meines Sohnes, aber was, wenn ich dort eine Panikattacke bekomme?«, »Ich muss diese Woche vor den Chefs eine Präsentation machen und habe schreckliche Angst davor«.

4. *Lassen Sie die Gedanken kommen und gehen wie Ihren Atem … ein und aus, ein und aus und so fort.*

5. *Denken Sie jetzt an eine Gelegenheit zurück, bei der Sie unter Menschen waren und alles gutging, nein, bei der Sie sich sogar amüsiert haben. Wo war das? Vielleicht bei einer Hochzeit, Taufe, Geburtstagsfeier oder bei einem Abendessen mit einer alten Freundin. Wie haben Sie sich dort gefühlt? Vielleicht ganz ruhig, unbehelligt von Sorgen und Ängsten, daheim in Ihrem Körper. Stellen Sie sich vor, Sie wären wieder an diesem Ort. Sie sind entspannt, lachen über irgendetwas und fühlen sich wohl in Ihrer Umgebung. Was tun die anderen Leute um Sie herum? Sie fühlen sich genauso wohl, lächeln und plaudern miteinander.*

6. *Nehmen Sie die Erinnerung mit, um stets ein Gefühl von Sicherheit und Selbstbestätigung in sich wecken zu können.*

15.
Ein sicherer Hafen

Wenn Ihnen selbst in der Vergangenheit etwas zugestoßen ist oder Sie etwas Schlimmes mitansehen mussten, haben Sie vielleicht ein Trauma davongetragen und kurz danach Ängste oder andere Symptome entwickelt. Dann wissen Sie bereits, dass Ängste eine natürliche Reaktion auf traumatische Erlebnisse sind. Schon Schlagzeilen über Gewalttaten oder Unfälle können dann Panik auslösen.

Gönnen Sie sich einen Augenblick der Achtsamkeit, um in Gedanken Ihren persönlichen sicheren Hafen zu gestalten, einen geschützten Rückzugsort.

1. *Suchen Sie einen ruhigen Ort zum Hinsetzen und Ausruhen. Konzentrieren Sie sich auf Ihre Atmung.*

2. *Stellen Sie sich vor, dass Sie sich in einem ruhigen Hafen befinden. Das kann ein Hafen im wörtlichen oder übertragenen Sinn sein. Wie würde dieser Ort aussehen? Achten Sie auf jedes Detail und fertigen Sie im Geiste oder auf Papier eine Liste all seiner Bestandteile. Vielleicht ist es eine altmodische Blockhütte mit Kamin und frischen Blumen auf dem Holztisch. Vielleicht steht sie versteckt in einem friedlichen Wald an einem Fluss. Vielleicht ist es nur ein Schlafzimmer mit allem, was vertraut und tröstlich für Sie ist, Ihrem Bett, einem Nachtkästchen, Regalen, dem Computer, der Vase, die Ihnen Ihre Mutter geschenkt hat, Ihrem*

Lieblingsbild, Fotos von Ihrer Familie, Ihren Freunden usw. Oder Sie bevorzugen ein Urlaubsresort oder schickes Hotel in der Karibik, mit luxuriösem Spa und einer atemberaubenden Aussicht auf Palmen und tiefblaues Meer. Ganz egal, wie der Ort für Sie aussehen mag, hier legen Sie alle Sorgen und Verantwortlichkeiten ab.

3. *Welche Gefühle kommen bei Ihnen auf, wenn Sie sich diesen sicheren Ort vorstellen? Vielleicht fühlen Sie sich einfach nur wohl und friedvoll oder sogar meditativ gestimmt? Nehmen Sie sich einen Moment Zeit, sich vorzustellen, wie Sie an diesem Rückzugsort entspannen, erleben Sie Ihre Emotionen – angenehme und vielleicht auch weniger angenehme – und versinken Sie darin. Ein paar Minuten lang müssen Sie nirgendwo anders sein, müssen nichts anderes tun und keiner wartet auf Sie. Genießen Sie die Ruhe!*

16.
Ihre persönliche Meditation

Wo liegen Ihre Heiligtümer und was sind in Ihrem derzeitigen Leben Quellen der Entspannung und Sicherheit?

Nutzen Sie den Raum hier, um Ihre eigene Meditation oder Übung niederzuschreiben, bei der Sie sich entspannen und sicher fühlen können. Lassen Sie sich von Achtsamkeit und Wohlwollen sich selbst gegenüber leiten. Sehen Sie genau hin, lauschen Sie tief in sich hinein und vertrauen Sie auf sich selbst!

2

Freude und Angst annehmen durch tägliche Meditation

Wenn ich heute verschiedene Erfahrungen in meinem Körper und außerhalb davon wahrnehme, will ich den Augenblick bewusst und mit Herzensgüte und Mitgefühl anerkennen und mich darin üben, Freude und Angst gleichermaßen achtsam wahrzunehmen, um klarer sehen zu können.

In diesem Kapitel

Achtsam zu sein bedeutet, willentlich aufmerksam zu sein mit einer freundlichen und neugierigen Einstellung, die sich an nichts hängt oder versucht, irgendetwas zu ändern oder abzuschaffen. Sie erreichen Achtsamkeit durch bewusste Aufmerksamkeit. Achtsamkeit erwächst daraus, dass wir bewusst und mit einem offenen Herzen und Geist aufmerksam sind. Sie können jeder Erfahrung achtsame Aufmerksamkeit schenken. Indem Sie sich immer wieder daran erinnern, aufmerksam zu sein, wenn Ihr Geist abwandert, kommen Sie zurück zur unmittelbaren Erfahrung, zum gegenwärtigen Augenblick.

Achtsamkeit erfordert »volle« Aufmerksamkeit. Volle Aufmerksamkeit ist Aufmerksamkeit, die interessiert ist und alles einschließt, nichts übersieht und nichts ausschließt. Volle Aufmerksamkeit nimmt Freude wie Angst an, das Angenehme wie das Unangenehme, mit Neugier, Hingabe und Mitgefühl. Volle Aufmerksamkeit ist stetig und konzentriert. Volle Aufmerksamkeit verweilt meistens bei dem, worauf sie abzielt, und kommt, wenn sie abgelenkt war, immer wieder zurück.

Ihre Fähigkeit, Aufmerksamkeit aufzubauen und zu halten, wird mit der Meditationspraxis wachsen. Wenn die Aufmerksamkeit anwächst, wird Ihre Bewusstheit stärker und klarer, so wie ein hellerer Scheinwerfer (mit einem stärker zielgerichteten Lichtstrahl) Sie befähigt, schattige Orte besser auszuleuchten. Wenn ein Objekt im Schatten von konzentrierterem (stärkerem) Licht beleuchtet wird, können Sie es klarer und vollständiger sehen.

Wenn Sie sowohl Freude als auch Angst – Erfahrungen, die in Ihrem Körper und außerhalb davon stattfinden und angenehm oder unangenehm sind – achtsame Aufmerksamkeit schenken, verändern Sie sofort Ihre Beziehung zu dem, was passiert. Sie werden das, was im Augenblick gerade geschieht, viel stärker beobachten und bewusst darauf reagieren, anstatt sich über die Maßen damit zu identifizieren und unbewusst darauf zu reagieren. So verlieren Sie ihre tiefe Verbindung mit der Erfahrung nicht.

Wenn Sie zum Beispiel bewusster essen, werden Sie wahrscheinlich ein Gefühl der Sättigung spüren, ehe Ihr Teller tatsächlich leer ist, und deswegen früher mit dem Essen aufhören, anstatt sich zu überessen. Wir essen oft zu viel, aus einer unbewussten Angewohnheit oder der Reaktion auf unangenehme Gefühle heraus, anstatt dass wir einfach die Körpersignale der Sättigung erkennen und darauf reagieren.

Ein zusätzlicher Vorteil der Achtsamkeit in verschiedenen Situationen ist, dass Sie eine stärkere Verbindung mit dem Reichtum und den Möglichkeiten eingehen, die im Augenblick vorhanden sind. Anstatt sich in Erinnerungen oder Zukunftsplänen oder tausend anderen mentalen Reaktionen zu verlieren, schenken Sie zum Beispiel dem Geruch einer Blume oder dem Zwitschern eines Vogels Aufmerksamkeit und öffnen sich so einer reicheren Erfahrung der Fülle des Lebens in und um Sie.

Wenn Sie herausfordernden Erfahrungen wie Ängsten, Furcht oder Panik Ihre volle Aufmerksamkeit schenken, zeigt Ihnen diese achtsame Aufmerksamkeit, dass diese Erfahrung, wie verstörend sie auch sein mag, nicht *Sie* sind und dass sie auch *nicht* ewig andauert. Jede dieser Erfahrungen ist nur eine starke Energie, die den gegenwärtigen Moment durchzieht.

Die Meditationen und Übungen dieses Kapitels zielen alle darauf ab, Ihnen zu helfen, die Natürlichkeit und Unmittelbarkeit des Achtsamseins in verschiedenen Situationen wahrzunehmen. Sie sollen Ihnen auch dabei helfen, alle Erfahrungen anzunehmen, indem Sie eine achtsame Aufmerksamkeit aufbauen, die stark und stetig Freuden wie Ängste wahrnimmt.

Einige der Meditationen sind kurz und leicht; andere gehen tiefer und zielen speziell auf die Kraft der Achtsamkeit ab, damit Sie mit klarem Verständnis komplexen Erfahrungen und Situationen entgegensehen können. Erkunden Sie die Übungen in der Reihenfolge, die Ihnen gefällt, experimentieren Sie damit. Das Leben erwartet Sie!

Beim Üben

Bei den Meditationen und Übungen dieses Kapitels ist es nützlich, die folgenden Punkte zu beherzigen:

- *Achtsamkeit aufzubauen ist einfacher, als Sie denken.* Sie haben alles, was es dafür braucht! Wenn es Ihnen schwierig erscheint, liegt das vermutlich daran, dass Ihre Energie schwach oder Ihr Geist abgelenkt ist, Sie Zweifel haben oder es Ihnen an Mut fehlt, sich dem zu stellen, was in diesem Augenblick gerade ist. Nutzen Sie die Erkenntnis dessen, was Sie gerade hindert, um noch genauer hinzusehen. Bewahren Sie Herzensgüte und Mitgefühl gegenüber sich selbst und sehen Sie, was Sie lernen können und wie Sie wachsen können, unabhängig von allen selbst auferlegten Beschränkungen, um Ihr Ganz-Sein und Ihr Mysterium als menschliches Wesen erfahren zu können.

– *Üben Sie sich in Geduld, wann immer Ihre Aufmerksamkeit beim Üben von Achtsamkeit abwandert.* Nehmen Sie aber auch Ihre eigene Frustration darüber wahr und betrachten Sie sogar dieses Gefühl mit Freundlichkeit.

– *Es geschieht mehr, als Sie denken!* Volle Aufmerksamkeit bedeutet, nicht blind zu sein oder begrenzt durch das, was Sie bereits zu wissen meinen. Hören Sie auf, irgendwelche Gedanken, die Sie haben, zu fördern oder dagegen anzukämpfen, und lassen Sie stattdessen die direkte Erfahrung auf Sie zukommen. In der Achtsamkeitspraxis nennen wir das den »Weg des Nicht-Wissens«. Er bedeutet, das, was wir zu wissen glauben, Gutes und Schlechtes, Richtiges und Falsches, beiseite zu lassen und nur willentlich und mit offenem Geist und Herzen aufmerksam zu sein.

– *Zum Aufbauen von Achtsamkeit ist es sehr nützlich, sich bewusst zu werden, dass die Bedingungen sich konstant verändern.* Achten Sie auf jede Tendenz, gegen diese Bedingungen und ihre Veränderungen anzukämpfen, und lassen Sie los. Anstatt also zum Beispiel innerlich vehement gegen irgendwelchen Lärm in Ihrer Umgebung zu protestieren, wenn Sie meditieren, lassen Sie den Lärm Lärm sein und registrieren Sie ihn wie alle anderen Geräusche. Wenn Ihr Geist unruhig ist, sollten Sie einfach versuchen, diese Unruhe selbst zu beobachten, anstatt sich darin zu verlieren, was Ihre Gedanken wirklich sagen. Behandeln Sie die Gedanken wie Windböen, die durch Ihren Geist wehen.

- *Volle Aufmerksamkeit führt oft zu unerwarteter Freude, zu Staunen.* Denken Sie daran, wie Sie zum ersten Mal eine Orange probiert haben. Oder erinnern Sie sich an das Staunen auf dem Gesicht eines Kindes, das zum ersten Mal das Meer sieht oder Schnee, der vom Himmel fällt. Erleben Sie die Segnungen des Lebens und sein Mysterium mit Neugier, Offenheit und Hingabe. Dass Sie sich erlauben, über das, was Sie sehen, zu staunen, ist ein direkter Nutzen aus dem Üben von Achtsamkeit. Sehen Sie selbst!

Zur Erinnerung

- Der gegenwärtige Augenblick verändert sich permanent, und Freuden und Ängste, angenehme und unangenehme Erfahrungen ziehen durch ihn hindurch.

- Wenn Sie immer wieder und in vielen unterschiedlichen Situationen durch stete und duldsame Aufmerksamkeit Achtsamkeit üben, wird sich Ihre Fähigkeit verbessern, ungeachtet aller Ablenkungen im Hier und Jetzt zu sein und zu bleiben.

- Sie werden durch eine tiefere Erfahrung vom Reichtum des Lebens und eine verbesserte Reaktionsfähigkeit und Klarheit im Alltagsleben belohnt werden. Dazu gehört auch, sich den Herausforderungen von Furcht, Panik und Ängsten zu stellen und mit ihnen zurechtzukommen.

1.
Atemzüge zählen und so die Aufmerksamkeit fördern

Entdecken Sie die Macht des achtsamen Atmens, um Achtsamkeit und Präsenz in völlig unterschiedlichen Situationen einzuüben. In vielen Fällen ist eine größere Kraft (oder Konzentration) der Aufmerksamkeit der Schlüssel zum Verbleiben in der Gegenwart. Benutzen Sie diese Meditation, um achtsam Ihre Atemzüge zu zählen und sich besser auf Ihre Aufmerksamkeit zu konzentrieren. Eine gesteigerte Aufmerksamkeit festigt Ihre Verbindung zum gegenwärtigen Augenblick und hilft Ihnen, mit den Gewohnheiten von Unaufmerksamkeit und leichter Ablenkbarkeit aufzuräumen.

1. *Setzen Sie sich an einem ungestörten Ort bequem hin.*

2. *Geben Sie sich zu Anfang mindestens fünfzehn bis zwanzig Minuten Zeit für diese Übung und variieren Sie mit der Zeit die Länge, so dass Sie auch kürzer oder länger meditieren.*

3. *Beginnen Sie damit, achtsam zu atmen.*

4. *Achten Sie genau auf jede Ein- und Ausatmung und auf den Raum dazwischen.*

5. *Richten Sie nun, während Sie Ihren Atem so achtsam beobachten und spüren, Ihr Augenmerk auf den Moment, an dem die Ausatmung endet.*

6. *Zählen Sie jeden Atemzug genau zu dem Zeitpunkt, wo er endet. Zählen Sie dabei von 1 bis 8, also zum Beispiel »Ein, aus, 1 …, ein, aus, 2 …, ein, aus, 3 …, und immer so weiter bis 8.*

   - *Wenn Sie bei 8 angelangt sind, zählen Sie auf dieselbe Weise zurück, bis Sie wieder bei 1 ankommen.*

   - *Wenn Sie den Faden verlieren oder gestört werden, gehen Sie zurück zu 1.*

   - *Denken Sie daran, Ihre Zählung genau mit dem Ende der Ausatmung abzustimmen.*

7. *Es ist unerheblich, wie weit Sie zählen. Es geht darum, die Aufmerksamkeit auf den Atem zu richten, nichts aufs Zählen!*

8. *Nach einer Weile können Sie mit dem Zählen aufhören und einfach gleichmäßig weiteratmen. Denken Sie daran, sich zu entspannen und jeden Atemzug einfach kommen zu lassen.*

2.
Das Tao der Angst

Für viele Menschen ist Angst ein belastendes und verstörendes Leiden, das selbst die einfachsten Aufgaben schier unmöglich aussehen lässt. Nutzen Sie die Gelegenheit, achtsam wahrzunehmen, was Ihre ängstlichen Gedanken Ihnen sagen wollen. Beunruhigende Gedanken sind Zeichen und Signale, sie enthalten eine Botschaft, die Sie entziffern müssen, damit Sie zu mehr Wohlbefinden geführt werden. Die folgenden drei kontemplativen Fragestellungen sollen Ihnen helfen, sich selbst besser zu verstehen und zu überlegen, welche Veränderungen stattfinden können, damit es Ihnen besser geht.

1. *Beginnen Sie damit, sich zu fragen: »Was bedeutet es, dass ich eine Angststörung entwickelt habe? Was soll ich daraus lernen?« Das Leben ist voller Herausforderungen und Lektionen. Manche Leute müssen mit Depression oder Autismus oder anderen psychischen oder körperlichen Belastungen zurechtkommen. Fragen Sie sich: »Was kann mich die Angst lehren?« Vielleicht haben Sie gelernt, mit anderen, die ebenfalls unter Angst leiden, mitfühlender umzugehen. Vielleicht hat die Angst Sie zu neuen emotionalen Tiefs geleitet, die Ihre Stärke und Ausdauer auf die Probe gestellt haben. Vielleicht haben Sie gelernt, dass Sie, obwohl das Gefühl so überwältigend ist, doch jede Phase der Angst überlebt und so viele Male über die Angst triumphiert haben. Nutzen Sie diesen stillen Moment, um*

die unzähligen Male anzuerkennen, bei denen Sie Ihren schlimmsten Ängsten begegnet, gefallen und wieder aufgestanden sind, sich den Staub abgeschüttelt und die Kraft zum Weitergehen gefunden haben.

2. *Fragen Sie sich als Nächstes: »Was wollen mein Geist und Körper mir sagen?« Vielleicht ist Ihnen ja Selbsterhaltung und ein achtsamer Umgang mit sich selbst wichtig. Ihre ängstlichen Gedanken sind da, weil Sie es wichtig finden, vorsichtig zu sein, alle Dinge und Handlungen gründlich zu durchdenken. Ihr Geist und Körper bieten Warnzeichen, um Ihnen beim Vermeiden gefährlicher Situationen zu helfen. Oder vielleicht verhindern Ihr Geist und Körper auch, dass Sie wie andere Spaß haben, weil Sie kein Risiko auf sich nehmen wollen. Nehmen Sie diese Überlegungen und sehen Sie, welche davon auf Sie zutreffen oder Sie ansprechen.*

3. *Die letzte Frage ist die wichtigste: »Was muss meiner inneren Weisheit nach geschehen, damit ich gesunden kann?« Vielleicht sind Sie bereit, das ursprüngliche Entstehen Ihrer Angst und die Heilungsmöglichkeiten gründlicher zu betrachten. Vielleicht muss eine alte Wunde im Zusammenhang mit der Familie oder einem geliebten Menschen bearbeitet werden. Vielleicht sind Sie bereit, eine neue Bedeutung, eine neue spirituelle Ausrichtung für Ihr Leben zu finden. Lassen Sie sich von den Symptomen Ihrer Angst helfen zu erkennen, was in Ihrem Leben geheilt werden muss.*

3.
Sie schaffen das!

Sie sind in der Arbeit gerade befördert worden. Jetzt sollten Sie sich wahnsinnig freuen und schrecklich stolz auf sich sein, aber stattdessen werden Sie gebeutelt von Ängsten, dass Sie die in Sie gesetzten Erwartungen nicht erfüllen können. Vielleicht denken Sie: »Und was, wenn ich das gar nicht kann? Wenn die Arbeit zu anspruchsvoll ist? Was ist, wenn ich scheitere? Was, wenn sie zu viel von mir erwarten? Ich weiß wirklich nicht, ob ich diese neue Herausforderung meistern kann.« So wird das, was eine Zeit des Feierns sein sollte, zu einer Zeit nagender Selbstzweifel. Sie fühlen sich schon entmutigt, ehe Sie das Rennen überhaupt begonnen haben.

Sie haben das Recht, die Belohnungen, die das Leben für Sie bereithält, zu genießen und Ihre eigenen Verdienste anzuerkennen, ohne dass diese Erfahrung durch das Ungeheuer des Selbstzweifels verdorben wird. Wenn Ängste Ihr Selbstvertrauen angreifen und Ihre Kompetenz wanken lassen, sollten Sie diese Meditation ausprobieren, um wieder zu Ruhe und Konzentration zu gelangen.

1. *Stoppen Sie die negativen Selbsteinflüsterungen und konzentrieren Sie sich auf die Bekanntgabe der Beförderung. Was hat Ihre Chefin gesagt? Wie hat sie es gesagt? Versetzen Sie sich in den Enthusiasmus Ihrer Chefin, als sie Ihre Beförderung bekannt gab, nachdem sie sich Ihre exzellente*

Arbeit und Leistungsbereitschaft noch einmal vor Augen geführt hat. Betrachten Sie mit Achtsamkeit Ihre Anstrengungen und Fähigkeiten, die Ihnen diesen wohlverdienten Erfolgsmoment verschafft haben.

2. *Sie werden für Ihr Talent und Ihre Fähigkeiten belohnt. Erkennen Sie das aus vollem Herzen an, indem Sie laut oder in Gedanken zu sich selbst sagen: »Ich bin eine Person mit großen Fähigkeiten. Diese Beförderung reflektiert meine Stärken und meine überragende Leistung im Beruf. Ich arbeite ausgezeichnet und mit Erfolg. Ich habe diese Beförderung bekommen, weil meine Chefin überzeugt ist, dass ich für diesen Job am besten geeignet bin. Ich habe Vertrauen, dass ich es so gut machen werde, wie ich nur kann. Und das ist gut genug.«*

3. *Sogar gute Nachrichten können ein Grund zur Aufregung sein. Aber lassen Sie sich davon die Freude nicht verderben! Teilen Sie die gute Nachricht mit Ihrem Partner/Ihrer Partnerin. Schicken Sie eine E-Mail an Ihre Freunde, in der Sie Ihre Beförderung bekannt geben. Reservieren Sie einen Tisch in Ihrem Lieblingsrestaurant und feiern Sie!*

4.
Im Augenblick ankommen und Achtsamkeit spüren

Wo immer Sie sind, was auch immer gerade geschieht, Sie können mit Hilfe der Achtsamkeit sofort zu größerer Bewusstheit und Klarheit wechseln. Sie müssen sich nur dafür entscheiden, willentlich aufmerksam zu sein, ohne dabei etwas verändern zu wollen. »Kommen Sie an«, mit freundlicher und duldsamer Aufmerksamkeit, und entdecken Sie, was Sie erwartet.

1. *Nehmen Sie irgendeine bequeme Position ein, wenn Sie wollen, sogar im Stehen.*

2. *Richten Sie Ihre Aufmerksamkeit willentlich auf den gegenwärtigen Moment.*

3. *Wiederholen Sie, wenn es Ihnen hilft, eine Phrase wie »Jetzt, in diesem Augenblick«, um Ihre Aufmerksamkeit zu schärfen.*

4. *Lenken Sie Ihre achtsame Aufmerksamkeit auf das, was in Ihrem Bewusstsein gerade im Vordergrund steht. Wenn zum Beispiel dort gerade ein Geräusch ist, dann lauschen Sie einfach darauf. Wenn dort etwas ist, was Sie sehen – eine Farbe, eine Form, eine Bewegung, Licht oder ein Schatten – nehmen Sie es bewusst wahr. Wenn es ein Gefühl ist, ein*

Geruch oder ein Geschmack, beachten Sie seine Qualität, seine Intensität und seine anderen Eigenschaften genau.

5. *Wenn in Ihrem Geist Gedanken oder vorgefasste Einstellungen auftauchen und Sie ablenken, sollten Sie sie achtsam betrachten und zulassen. Sagen Sie sich, dass es »einfach nur Gedanken« sind, und lassen Sie sie sein.*

6. *Lassen Sie Ihre Aufmerksamkeit während dieser Meditation weit und offen sein, lassen Sie Ihr Bewusstsein weich und freundlich sein.*

7. *Lassen Sie das Leben auf sich zukommen, durch diesen Augenblick wandern und wieder weiterziehen.*

5.
Seien Sie gut zu sich selbst!

Können Sie sich erinnern, wann Ihre Angst zum ersten Mal in Ihrem Leben aufgetreten ist? Eine Bekannte von mir hat auf diese Frage geantwortet, dass sie als Kind von den Ängsten ihrer Eltern geprägt wurde, die andauernd Warnungen äußerten wie diese: »Gib acht! Sei vorsichtig! Lass das sein! Pass bloß auf, dass du dich nicht verletzt!« Sie hat ins Erwachsenenalter mitgenommen, dass da draußen eine große, furchteinflößende Welt lauert und dass man nichts und niemandem trauen kann. Furcht und Sorge bestimmten jede Situation ihres Lebens – das tägliche Aufstehen am Morgen genauso wie den ersten Schultag oder ein Bewerbungsgespräch. Angst beginnt für manche von uns also schon in frühester Kindheit.

Wenn es Ihnen gelingt, sich die frühen Auslöser für Ihre Angst in Erinnerung zu rufen, werden Sie sich selbst mit mehr Freundlichkeit und Mitgefühl behandeln.

1. *Rufen Sie sich zuerst in Erinnerung, wann Ihre ängstlichen Gedanken zuerst auftraten und ihr Leben negativ zu beeinflussen begannen. Vielleicht sind ja auch Sie in einer Familie aufgewachsen, in der ständig vor allgegenwärtigen Gefahren gewarnt wurde. Oder mussten Sie eine Art Elternrolle einnehmen und für Ihre jüngeren Geschwister sorgen, bevor Sie emotional reif dafür waren? Oder gab es vielleicht ein einzelnes traumatisches Erlebnis, das Sie nie wirklich verarbeiten konnten? Denken Sie darüber nach,*

welche Teile Ihrer Vergangenheit eine Rolle dabei spielten, Ihre Ängste und Ihre Reaktionen auf das Leben zu formen.

2. *Stellen Sie sich jetzt vor, dass Ihnen gegenüber Ihr nicht ängstliches Selbst sitzt, wie es in Ihren frühesten Erinnerungen auftaucht, ehe Angst zu dieser Bürde wurde. Wenn Sie damals noch ein kleines Kind waren, sollten Sie anerkennen, dass Sie heute erwachsen sind und viele Ressourcen zur Hand haben. Sie müssen nicht mehr in der gleichen Weise auf das Leben reagieren, wie Sie es in jungen Jahren taten. Sie können lernen, für sich selbst zu sorgen, so wie eine Mutter für ihr geliebtes Kind sorgt.*

3. *Sprechen Sie laut oder in Gedanken: »Ich möchte, dass du jeden einzelnen Tag genießt. Ich möchte, dass du die Freuden und Sorgen des Lebens gleichermaßen mit Enthusiasmus willkommen heißt. Die Welt ist voll von großartiger Schönheit und inspirierenden Geheimnissen. Sauge sie in dich auf und feiere jeden kostbaren Moment!« Überlegen Sie sich, was Sie Ihrem eigenen Kind sagen würden, um es zu ermutigen, ohne Angst und offen gegenüber einer Welt voller Möglichkeiten zu sein. Geben Sie sich selbst so viel Verständnis und Mitgefühl, wie Sie gerade jetzt benötigen.*

Mit Freundlichkeit und Liebe zu sich selbst können Sie die Angst loslassen und ein erfülltes und freudvolles Leben führen, unbelastet von der Vergangenheit.

6.
Zuerst kommen Sie!

Sind Sie jemand, der es immer allen recht machen will? Haben Sie ein großes Bedürfnis nach Anerkennung? Leute mit Ängsten fürchten sich oft auch sehr vor Zurückweisung und bemühen sich deswegen ganz besonders, alle glücklich zu machen, mit Ausnahme ihrer selbst. Vielleicht setzen Sie sich selbst übermäßig unter Druck, immer höflich und glücklich zu wirken – niemals fassungslos oder unzufrieden.

Wahrscheinlich speisen Sie Ihr Selbstwertgefühl unmittelbar aus Ihrer Sorge um andere Menschen. Dahinter steckt die Angst vor der Zurückweisung durch andere, so dass Sie sich schier überschlagen, es auf Kosten Ihrer selbst allen und jedem recht zu machen – wildfremden Menschen genauso wie Ihrer Familie.

Sich um die Bedürfnisse aller anderen vor den eigenen zu kümmern, kann sehr anstrengend sein. Mit der Zeit entstehen dann Ressentiments und Frustration, die zu chronischem Stress und Ängsten führen. Kaum zu glauben, aber eine einfache tägliche Meditation kann diesen Stress lindern und zeigt Ihnen, wie Sie am besten für sich selbst sorgen können.

1. *Setzen Sie sich in Ruhe hin. Jetzt gibt es nur Sie, den Stuhl, auf dem Sie sitzen, und Ihren Atem. Versuchen Sie nicht, die vielen Stimmen in Ihrem Kopf zum Schweigen zu bringen, die sagen: »Tu dies!« und »Vergiss das nicht!«. Erlauben*

Sie den Gedanken einfach, durch Ihren Geist und wieder weiter zu ziehen. Es sind nur Gedanken, Sorgen, To-do-Listen … Sie können sie später sortieren. Jetzt aber gestatten Sie sich, hier in Ruhe zu sitzen, lassen zu, dass die Stille Ihren Geist und Körper durchdringt.

2. *Überlegen Sie jetzt, was Sie fühlen, wenn Sie für andere sorgen. Vielleicht spüren Sie Groll, dass die anderen keine Rücksicht auf Ihre Gefühle nehmen und erwarten, dass Sie alles tun. Vielleicht sind Sie einfach nur frustriert, weil Ihre Bedürfnisse immer ganz zuletzt kommen.*

3. *Dass Sie gut für andere sorgen können, wissen Sie. Jetzt aber sollten Sie überlegen, wie Sie besser für sich selbst sorgen können. Sagen Sie laut oder in Gedanken: »Mir ist klar geworden, dass ich meine Bedürfnisse hintanstelle, um mich um andere zu kümmern, und was das mit mir macht. Wenn ich zuerst an mich selbst denke, übernehme ich die Verantwortung für mich selbst am besten. Wenn ich mich selbst liebe, stelle ich meine Bedürfnisse auf eine Stufe mit denen der anderen.*

4. *Wenn Sie bereit sind, stehen Sie wieder von Ihrem Stuhl auf und gehen zurück in die Welt, mit dem festen Vorsatz, sich selbst in Zukunft an erste Stelle zu setzen.*

7.
Ich kenne dich, Angst: Achtsamkeitsmeditation über die Angst und ihre Verbündeten

Die Angst sind nicht Sie selbst, und Angst dauert auch nicht ewig an, aber kann doch sehr bedrückend und verstörend sein. In dieser Meditation, die auf dem Prinzip der Achtsamkeit beruht, können Sie die Angst und ihre Verbündeten, einschließlich Ihrer Angststörung und der Gedanken und körperlichen Erscheinungen, die sie begleiten, einmal ganz eingehend betrachten. Achten Sie darauf, wie sorgenvolle Gedanken, körperliche Angstsymptome und die Abneigung gegenüber der unangenehmen Erfahrung der Angst sich wechselweise bewirken und nähren. Das Erkennen dieser Wechselwirkungen kann ein entscheidender Schritt in Richtung Heilung, Veränderung und Freiheit sein.

Nehmen Sie sich anfangs fünfzehn bis zwanzig Minuten Zeit, um diese Meditation vollständig durchführen zu können. Später können Sie sich noch mehr Zeit geben. Vielleicht kommen Sie auch nach längerer Zeit zu dieser Meditation zurück, um zu sehen, was Sie Neues entdecken können, wenn Sie noch einmal Ihre furchtsamen Gedanken, die Körpersymptome der Angst und die negativen Gefühle gegenüber dieser Erfahrung untersuchen.

1. *Suchen Sie sich einen bequemen Ort zum Hinsetzen, wo niemand Sie stört.*

2. *Lassen Sie alle Verspannung und Verkrampfung in Ihrem Körper los.*

3. *Atmen Sie einige Minuten lang achtsam und entspannen Sie sich dabei.*

4. *Denken Sie jetzt ganz bewusst an etwas, das Ihnen Angst oder Sorge macht. Entspannen Sie sich, wenden Sie sich dem angstmachenden Gedanken zu und hören Sie ihm genau zu.*

5. *Achten Sie darauf, welche Stellen Ihres Körpers auf den Gedanken reagieren. Atmen Sie achtsam und lassen Sie diese Stellen so weit wie möglich weich werden und entspannen.*

6. *Nehmen Sie sich Zeit, den Raum wahrzunehmen, der die Angst oder Sorge in Ihrem Körper umgibt. Achten Sie darauf, wo das Gefühl der Anspannung schwächer wird und wo es gar nicht mehr vorhanden ist. Atmen Sie noch ein paar Züge lang achtsam, um so Ihre Aufmerksamkeit zu festigen. Achten Sie darauf, wie sehr Ihr Körper mit den angstmachenden Gedanken verbunden ist.*

7. *Kehren Sie mit Ihrer Aufmerksamkeit jetzt wieder zu Ihren Gedanken zurück. Atmen Sie achtsam.*

8. *Hören Sie einfach Ihren Gedanken zu. Kämpfen Sie nicht*

dagegen an, leugnen Sie sie nicht, aber nähren Sie sie auch nicht. Beobachten Sie einfach ihr Kommen und Gehen. Sagen Sie sich von Zeit zu Zeit vor: »Es sind nur Gedanken und Einstellungen.« Achten Sie auf den »Ton Ihrer geistigen Stimme«. Achten Sie auf den Raum zwischen den Gedanken. Was sagen die Gedanken?

9. *Atmen Sie zwischendurch immer wieder ein paar Atemzüge lang achtsam und zentrieren Sie sich dabei. Lassen Sie alle Reaktionen Ihres Körpers zu.*

10. *Verlegen Sie Ihre Aufmerksamkeit nun von den Gedanken zu irgendwelchen Gefühlen von Abneigung oder Hass, die Sie gegenüber der Erfahrung von Angst und Sorge oder den damit verbundenen Körperreaktionen hegen.*

11. *Betrachten Sie diese Energien von Abneigung und Hass einmal gründlicher. Haben sie ihrerseits zu Gedanken und Körperreaktionen geführt? Lassen Sie so gut wie möglich los, wenn Sie jetzt Anspannung in Ihrem Körper fühlen.*

12. *Atmen Sie weiter achtsam, entspannen Sie sich und beobachten Sie Ihre Gedanken und Gefühle. Gestatten Sie Ihrer Angst und den zugehörigen Reaktionen zu fließen und beobachten Sie diese, ohne dagegen anzukämpfen oder sie zu nähren.*

13. *Beachten Sie ganz besonders alle ärgerlichen oder ablehnenden Gedanken, wie z. B.: »Ich hasse dieses Gefühl!«,*

»Wenn es doch nur weggehen würde!«, »Ich muss verrückt sein!«, »Über meinem Leben liegt ein Fluch!« oder »Ich bin wirklich schlecht!«. Atmen Sie achtsam und lauschen Sie diesen Gedanken, ohne dagegen anzukämpfen oder sie zu nähren.

14. *Wenn ablehnende und kritische Gedanken auftauchen, sagen Sie sich vor: »Ich bin nicht meine Gedanken«, »Es sind nur Gedanken«, »Ich muss weder dagegen ankämpfen, noch sie nähren«. Atmen Sie achtsam und lassen Sie Ihren Körper weich werden und entspannen. Ruhen Sie in den Räumen Ihres Körpers, die die verspannten Stellen umgeben.*

15. *Beobachten Sie weiter Ihre Gedanken, Gefühle und Körperreaktionen. Achten Sie darauf, wie sie sich gegenseitig nähren. Achten Sie auf die Macht von Abneigung und Hass gegenüber dieser Erfahrung und wie diese negativen Gefühle den gegenwärtigen Moment beeinflussen.*

16. *Bleiben Sie achtsam, während jedes einzelne Element Ihrer Angst ans Licht kommt. Verharren Sie vertrauensvoll in steter Aufmerksamkeit, wie furchterregend oder anstrengend die Gedanken, Gefühle und Empfindungen auch sein mögen.*

17. *Achten Sie darauf, wie alles sich verändert, während Sie es beobachten. Was sich eben noch in den Vordergrund gedrängt hat, ist jetzt gar nicht mehr da. Gefühle, Gedanken, Abneigungen – alles kommt und geht.*

18. *Schenken Sie zum Schluss sich selbst und allen Ihren Erfahrungen, auch den unangenehmen, Herzensgüte und Mitgefühl. Stellen Sie sich dabei ein heilendes weißes Licht vor, das Sie umgibt, während Sie achtsam ein- und ausatmen. Baden Sie in diesem Licht und entspannen Sie sich.*

19. *Nach der Übung sollten Sie Ihre Erfahrung noch einmal reflektieren. Was haben Sie über sich selbst und die Muster der Angst in Ihnen entdeckt?*

8.
Den Panzer abwerfen

Eine Angststörung fühlt sich oft wie ein zu enger Latexanzug an, der einen von Kopf bis Fuß negative Gedanken ausschwitzen lässt. Vielleicht fühlen Sie sich in diesem beengten Panzer für immer eingesperrt. Versuchen Sie mit dieser Meditation, den Panzer abzuwerfen und Körper und Geist zu befreien, damit Sie all die Schönheit erfahren können, die auf Sie wartet.

1. *Beachten Sie zuerst, wie beengend und lästig sich Ihr Panzer auf der Haut anfühlt, wie ungemütlich es ist, sich darin zu bewegen und die Position zu verändern. Gefangen in Ihren Zweifeln und Ängsten sind Sie deprimiert, fühlen sich isoliert und sind vielleicht sogar wütend. Wenn Sie so in Ihren Latexanzug gequetscht sind, sind auch Ihre Emotionen wie in einem Schraubstock gefangen, und Sie kommen morgens kaum aus dem Bett, um dem Leben entgegenzutreten.*

2. *Schließen Sie jetzt Ihre Augen und stellen Sie sich vor, wie Ihr Panzer sich auflöst. Beginnen Sie bei Kopf, Gesicht und Hals. Das Latex schmilzt und verschwindet und Ihre Sinne werden wieder klarer – das Sehen, Hören, Riechen, der Tastsinn. Wandern Sie hinunter zu den Schultern, Armen, Händen, Fingern und zur Brust. Das beengende Latex löst sich in Luft auf, so dass Ihre Lungen sich ausdehnen und*

Sie endlich freier atmen können. Wandern Sie weiter hinunter zu Bauch, Rücken und Taille. Der Anzug schält sich immer weiter ab, so dass sich der Griff Ihrer Ängste und Zweifel auf Ihr Leben lockert. Gehen Sie zu den Hüften, zum Gesäß und zu den Beinen. Sie können den beengenden Panzer der Negativität kaum mehr spüren. Kommen Sie bei den Knöcheln, Füßen und Zehen an. Alle dunklen und verstörenden Gedanken lösen sich auf, so dass Sie sich schwerelos und frei fühlen.

3. *Zuletzt lösen sich die deprimierenden Gedanken, die Ihnen jede Klarheit und Freiheit geraubt haben, gänzlich in Luft auf.*

4. *Ohne Ihren Latexpanzer können Sie eine leichte Brise auf der Haut spüren, Sie sehen, wie durch die Vorhänge Sonnenstrahlen hereindringen, Sie riechen den Duft von Jasmin aus einem der umliegenden Gärten, Sie hören den entfernten Sound des Lebens. Sie sind nicht länger gefangen oder eingeschränkt. Sie können frei atmen und sich frei bewegen.*

9.
Mitgefühl erwünscht

Meditation bietet uns die einzigartige Möglichkeit, emotionale Stabilität und positive Einstellungen wie zum Beispiel Mitgefühl zu entwickeln. Mitgefühl geht Hand in Hand mit Großzügigkeit und Liebe. Wir haben Mitleid mit anderen und wünschen uns von Herzen, dass sie frei sein mögen von Schmerz und Leid. Diese Meditation stärkt Ihr Mitgefühl und hilft Ihnen, mit anderen, anstrengenderen Gefühlen zurechtzukommen.

1. *Setzen Sie sich hin, entspannen Sie Arme und Beine und schließen Sie die Augen. Nehmen Sie das Gewicht Ihrer Augenlider und das Gefühl der Schwere in Armen und Beinen bewusst wahr. Jede Einatmung stärkt Sie und bringt Leben in jeden einzelnen Teil Ihres Körpers. Jede Ausatmung beruhigt Ihren Geist und Ihre Seele.*

2. *Überlegen Sie, was Mitfühlen für Sie bedeutet. Wie fühlt es sich an? Wann haben Sie es zum letzten Mal ausgedrückt? Wann hat es zum letzten Mal jemand Ihnen gegenüber ausgedrückt? Vielleicht haben Sie ja zuletzt mit einer Frau Mitgefühl gehabt, die verzweifelt versuchte, ihr schreiendes Baby zu beruhigen? Vielleicht mit einem Obdachlosen auf Ihrem Weg zur Arbeit? Oder vielleicht hat ein Fremder einmal erkannt, dass Sie emotional aufgewühlt sind, und*

Ihnen mit einem freundlichen Wort oder Lächeln die unangenehmen Gefühle für einen Moment erleichtert.

3. *Wählen Sie nun eine bestimmte Erinnerung von Mitgefühl aus und betrachten Sie sie ganz genau. Suchen Sie nach den Gedanken, Gefühlen, Körpersensationen und -reaktionen auf diese Erfahrung. Stellen Sie sich vor, dass Sie Ihre enorme Fähigkeit zum Mitfühlen das nächste Mal, wenn Sie sich ängstlich fühlen, auch auf sich selbst anwenden.*

4. *Erinnern Sie sich an ein Ereignis, wo jemand Ihnen gegenüber Mitgefühl gezeigt hat? Vielleicht hat eine gute Freundin Ihnen ihr Verständnis ausgedrückt, als Sie durch eine schwierige Phase gingen, und konnte Ihnen so etwas von der emotionalen Last abnehmen. Stellen Sie sich vor, dass auch andere Ihnen dieses Mitgefühl schenken, so dass es wie ein konstantes Fließen von Energie in Zeiten der Angst, Sorge oder Panik ist. Denken Sie an diese Ereignisse immer wieder einmal während Ihres Tages, um so beunruhigende Gedanken daran zu hindern, Ihre lebendige Verbindung zur Freude zu stören.*

10.
Achtsam gehen und dadurch im Hier und Jetzt ankommen

Die Meditation mit achtsamem Gehen mag auf den ersten Blick ungewöhnlich wirken, beim Üben werden Sie aber feststellen, wie wirksam sie ist.

Achtsames Gehen ist besonders hilfreich, wenn Sie aufgeregt oder verwirrt sind oder etwas neben sich stehen. Sie können diese Meditation nur kurz durchführen oder in einer längeren Übung von einer halben oder einer Dreiviertelstunde. Man kann sie auch auf geringem Raum durchführen – zum Beispiel in Ihrem Büro bei geschlossener Tür oder im Schlafzimmer. Sehr angenehm übt es sich auch in freier Natur.

1. *Suchen Sie sich eine Strecke aus, auf der Sie gehen können. Das sollten etwa fünfzehn bis zwanzig Schritte sein, notfalls auch weniger.*

2. *Stellen Sie sich ruhig hin, lenken Sie Ihre achtsame Konzentration auf Ihren Körper und die Empfindungen beim Stehen. Achten Sie auf das Gefühl von Schwere, die Luft auf der Haut, die Empfindungen in Füßen, Beinen, Händen, Armen, Rücken, Schultern, Kopf und Gesicht.*

3. *Wenn Sie den Drang spüren, sich zu bewegen, machen Sie den ersten Schritt. Beobachten Sie, mit welchem Fuß Sie be-*

ginnen, wie Ihr Körpergewicht sich verlagert, wie es sich anfühlt, den Fuß anzuheben, und wie er im Schritt nach vorne schwingt. Achten Sie darauf, wie der Fuß wieder nach unten geht und Kontakt mit dem Boden aufnimmt.

4. *Sie sollten bei dieser Meditation zu Anfang ziemlich langsam gehen und nur kurze Schritte (etwa in Fußlänge) machen, damit Sie nicht das Gleichgewicht verlieren.*

5. *Beachten Sie, wie die Empfindungen in Ihrem einen Fuß wieder verschwinden und durch Empfindungen im anderen ersetzt werden, wenn dieser beginnt sich zu bewegen.*

6. *Wenn Ihre Aufmerksamkeit vom Gehen abschweift, sollten Sie das ohne Ärger beobachten. Sie haben nichts falsch gemacht. Es ist nur Ihr Verstand, der tut, was jeder Verstand tut. Lenken Sie Ihre Aufmerksamkeit sanft wieder auf das Gehen zurück.*

7. *Gehen Sie so in Achtsamkeit bis ans Ende Ihrer Strecke und bleiben Sie dort stehen. Spüren Sie, wie der Schwung des Gehens verklingt und die Empfindung des Stehens sich wieder einstellt, und entspannen Sie sich. Achten Sie auf Ihren Atem und alle anderen Körpersensationen.*

8. *Folgen Sie dem Impuls, sich umzudrehen und zurückzugehen, sobald er auftaucht. Gehen Sie dann achtsam zurück bis ans andere Ende. Üben Sie weiter, solange Sie möchten. Was fällt Ihnen am Ende auf?*

11.
Das Zentrum der Aufmerksamkeit

Manche sozialen Situationen sind einfacher als andere. Vielleicht fühlen Sie sich im Kreis Ihrer Familie, unter Freunden und Kollegen gänzlich wohl – unter Leuten also, die Sie gut kennen und akzeptieren. Aber es gibt doch eine Reihe von Gelegenheiten, die bei Ihnen Angstgefühle hervorrufen, zum Beispiel wenn jemand vor anderen einen Witz über Sie macht. Sie wissen zwar vielleicht, dass auch das zum normalen menschlichen Verhaltensspektrum gehört. Leute machen ständig Witze über andere – und viele Leute können ohne Probleme über sich selbst lachen.

Was die Sache für Sie aber so stressig und unangenehm macht, ist wahrscheinlich die Tatsache, dass Sie dann im Zentrum der Aufmerksamkeit stehen: Alle Blicke ruhen auf Ihnen, alle lachen über Sie und alles konzentriert sich auf Ihren Fehler. Was tun Sie dann? Wohin können Sie sich wenden, um weitere Peinlichkeiten zu vermeiden? Die gute Nachricht ist, dass der peinliche Moment nicht lange anhalten wird. Bald wird das Gespräch sich etwas anderem zuwenden, so dass Sie nicht länger im Zentrum der Aufmerksamkeit stehen.

Wenn Sie sich das nächste Mal als Zielscheibe eines Witzes oder in Gegenwart anderer bloßgestellt fühlen, kann Ihnen die folgende Übung vielleicht Erleichterung bringen.

1. *Für die Gelegenheiten, wo einfaches Weggehen nur zusätzliche Aufmerksamkeit auf Sie ziehen würde, sollten Sie die Kunst des Annehmens üben. Annehmen bedeutet, sich nicht zu wehren – nicht gegen die Dinge anzukämpfen, sondern sie einfach geschehen zu lassen.*

2. *Seien Sie freundlich zu sich selbst und Ihren Gefühlsreaktionen. Vielleicht fühlen Sie sich äußerst verletzt und unfähig, mit den anderen zu lachen. Vielleicht fühlen Sie sich unterlegen und haben Angst vor Zurückweisung. Nehmen Sie sich einen Moment Zeit, um sich auf Ihren Atem zu konzentrieren. Stellen Sie sich vor, wie jede Einatmung Sie mit Selbstakzeptanz erfüllt und wie jede Ausatmung Sie von Spannung und Stress befreit.*

3. *Sagen Sie zu sich selbst: »Ich kann das geschehen lassen. Ich bin bereit, das Leben so zu nehmen, wie es kommt. Bald wird das hier vorübergehen und ich werde wieder ruhiger sein.«*

Wenn Sie sich entspannen und die Schwächen und Missgeschicke des Lebens annehmen können, können Sie auch lernen, über sich selbst zu lachen. Es wird Ihre Reise durchs Leben ein ganzes Stück leichter machen.

12.
Wohlwollen aussenden

Wenn Ihr tägliches Arbeitspensum und der Leistungsdruck Ihnen über den Kopf wachsen, werden Sie frustriert, irritiert, wütend oder niedergeschlagen sein. Und manchmal werden Sie sich fragen, ob Ihre Kollegen das gar nicht bemerken, Ihnen gar nicht helfen wollen. Es fühlt sich so an, als ob Sie alles alleine bewerkstelligen müssten und als ob es allen anderen egal wäre, ob Sie noch schwimmen oder bereits untergehen. Wenn die Situation so chaotisch und unkontrollierbar wirkt, kann das Ängste hervorrufen. Und Frustration und Erschöpfung setzen dann häufig ein Karussell negativer Gedanken in Gang.

Gönnen Sie sich jetzt einen Augenblick Zeit, um die durch die Arbeit verursachte Anspannung zu lindern, Freundlichkeit und Hoffnung zu nähren und nach allen Seiten Wohlwollen auszusenden. Und so können Sie das tun:

1. *Beginnen Sie mit sich selbst. Setzen Sie sich ruhig hin und konzentrieren Sie sich darauf, tief in den Bauch zu atmen. Beobachten Sie, wie Ihr Atem langsam ruhiger wird.*

2. *Atmen Sie jetzt langsam und methodisch ein und stellen Sie sich beim Ausatmen von ganzem Herzen vor, wie dieser Atem des Lebens angefüllt ist mit Wohlwollen Ihnen selbst und anderen gegenüber. Jede Ausatmung steht für das positive Potenzial zu wunderbarem Wachstum, gepaart mit*

einem Gefühl der Ruhe und liebevoller Freundlichkeit für alle Mitmenschen.

3. *Wenn in der Arbeit wieder eine schwierige Situation entsteht oder irgendjemand nicht gerade hilfreich ist, nehmen Sie sich ein paar Minuten Zeit, um dieser Person einen Atem voller Wohlwollen zu senden. Gerade in Zeiten von Konflikt und negativen Grübeleien sollten Sie daran denken, Freundlichkeit nach innen und außen zu schicken. Das erfordert ein wenig Übung, wird aber Ihre negativen Interaktionen vermindern und gestatten, dass wieder mehr guter Wille und positive Energie in Ihnen und um Sie herum fließen kann. Und, ein zusätzlicher Vorteil: Ihre Angst wird abnehmen.*

13.
Ihr innerer Leib: Achtsamkeitsmeditation zur Verbindung mit dem Körper

Stress und die dazugehörigen Körpersymptome können Ängste und Sorgen auslösen. Unbehandelter chronischer Stress kann ein entscheidender Faktor für das Andauern von Angststörungen sein.

Wenn Sie die Fähigkeit entwickeln, sich rasch mit der »inneren Landschaft« Ihres Körpers verbinden zu können, wenn Sie Ihre wechselnden Körperempfindungen wieder gut spüren lernen, entspannen Sie Körper und Geist und mildern die Auswirkungen von Angstzuständen. Mit dieser Übung können Sie die Verbindung zu Ihrem Körper bewusst stärken. Sie können sie einerseits in gewünschter Länge als formelle Meditation durchführen, aber sich auch immer wieder einmal während des normalen Alltags ein paar Atemzüge lang auf Ihren Körper einstimmen. Die aus jeder Übung gezogenen Erkenntnisse werden Ihnen helfen, weiser mit sich selbst umzugehen.

1. *Setzen oder legen Sie sich entspannt und bequem hin.*

2. *Vergessen Sie alle Verpflichtungen oder Pläne, etwas in Ihrem Leben zu verändern.*

3. *Atmen Sie ein paar Minuten lang achtsam. Sie können dabei die Augen schließen.*

4. *Lassen Sie Ihre Aufmerksamkeit neugierig, freundlich und offen sein.*

5. *Dehnen Sie Ihre Aufmerksamkeit jetzt auf alle anderen Empfindungen aus, die in diesem Augenblick durch Ihren Körper fließen.*

6. *Lassen Sie die Empfindungen in Ihrem Körper einfach kommen und sein, ohne sie beurteilen oder kontrollieren zu wollen.*

7. *Jede Empfindung darf sich in ihrem eigenen Tempo durch Ihren Körper und Ihr Bewusstsein bewegen.*

8. *Zuerst werden Sie nur die stärksten Empfindungen wahrnehmen. Wenn Ihre Aufmerksamkeit dann anwächst, werden Sie auch leisere Empfindungen wahrnehmen, wie Sie sich bewegen und verändern.*

9. *Nehmen Sie diese Empfindungen ganz unmittelbar wahr, spüren Sie Vibration, Druck, Kontraktion, Ausdehnung, Schwere und so weiter. Verlieren Sie sich nicht in Vorstellungen darüber, was sie bedeuten könnten. Gestatten Sie Ihrer Aufmerksamkeit einfach, sich an verschiedenen Orten im Körper aufzuhalten und die Empfindungen, die dort stattfinden, unmittelbar zu spüren.*

10. *Beachten Sie, wie lebendig Ihr Körper mit seinen wechselnden Empfindungen ist!*

11. *Zollen Sie Ihrem Körper, wenn Sie möchten, Dankbarkeit und Anerkennung dafür, wie er Sie durch dieses Leben trägt.*

12. *Üben Sie, solange Sie möchten. Zum Abschluss öffnen Sie die Augen und bewegen sich behutsam.*

14.
Geduld üben

Das Leben ist manchmal ein einziges Chaos, kompliziert und voller Schwierigkeiten und Doppeldeutigkeiten. Sie stellen vielleicht fest, dass schwierige Situationen nicht immer sofort gelöst werden können und viel Zeit und Geduld erfordern. Manchmal muss man warten können, bis sich von selbst eine Lösung einstellt. Auch weiß man selten von Anfang an, wie ein Problem gelöst werden kann. In solchen Zeiten können Sie extreme Ängste haben, weil die Dinge sich nicht so entwickeln, wie Sie es gerne hätten.

Geduld zu üben beinhaltet, dass wir tolerant gegenüber den Wechselfällen und Unwägbarkeiten des Lebens sind, bis sich eine Lösung oder Chance bietet. Geduld erfordert Vertrauen. Diese Übung hilft Ihnen, damit umzugehen, dass im natürlichen Fluss des Lebens immer wieder Situationen auftauchen, die Sie nicht kontrollieren oder leicht lösen können. Das Leben hat eine verblüffende Fähigkeit, von selbst Lösungen entstehen zu lassen, ob mit oder ohne Ihre Hilfe.

1. *Gestatten Sie sich selbst, aus der momentanen Situation herauszutreten. Vielleicht möchten Sie ja tatsächlich einen Spaziergang unternehmen oder einfach nur den Raum wechseln. Geben Sie dem Drang, zurückzugehen und wieder über einer Lösung zu brüten, nicht nach! Entfernen Sie sich einfach aus der »Problemzone«!*

2. *Wenn Sie sich erst einmal eine Auszeit genommen haben, richten Sie Ihr Augenmerk auf sich selbst. Wie ist Ihre Atmung? Sind Sie hungrig, durstig oder müde? Wann haben Sie zum letzten Mal eine Pause eingelegt, sich gestreckt?*

3. *Affirmationen können helfen, Geduld und Vertrauen zu entwickeln. Verwenden Sie die folgende Affirmation (oder denken Sie sich eine eigene aus): »Geduld fängt bei mir an. Wenn ich Geduld übe, gestatte ich mir selbst, die Dinge im Leben zu akzeptieren, die zweifelhaft, unsicher und unbestimmt sind. Wenn ich aufhöre, jeden noch so kleinen Schritt kontrollieren zu wollen, erweitere ich meine Perspektive und vertraue darauf, dass die Probleme im Leben sich irgendwann von selbst lösen.« Schreiben Sie diese Affirmation auf und hängen Sie sie an Ihrem Arbeitsplatz auf, als tägliche Erinnerung an Ihre Fähigkeit, ruhig und geduldig zu bleiben.*

Wenn Sie im Lauf der Zeit immer mehr Geduld und Vertrauen entwickeln, werden Sie auch lernen, sich zu entspannen und die unvorhersehbaren Augenblicke im Leben auszuhalten. Sie werden lernen loszulassen und darauf zu warten, bis zu gegebener Zeit eine Antwort oder Lösung auftaucht.

15.
Was soll ich nur sagen?

Gesellschaftliche Anlässe können Angstzustände bei Ihnen auslösen, die Ihnen auf den Magen schlagen. Ein Freund beschrieb mir einmal, wie er zu einer Party fuhr, parkte und im Auto sitzen blieb, vor lauter Angst, weil er außer dem Gastgeber niemanden kannte. Nach fünf Minuten fuhr er wieder heim. Er konnte es einfach nicht ertragen, sich bei einem gesellschaftlichen Anlass unsicher und nicht daheim zu fühlen.

Vielleicht kommt Ihnen das ja bekannt vor und Sie wissen in einem solchen Fall auch nicht, was Sie sagen sollen, wie Sie ein lockeres Gespräch beginnen oder sich in Gegenwart Fremder benehmen können, so dass Sie nicht schüchtern, irgendwie wunderlich und nervös wirken. Die folgende Übung kann vor, während oder nach einer gesellschaftlichen Veranstaltung angewandt werden und soll Ihnen helfen, die Distanz zwischen Ihnen und anderen Leuten, vor allem in großen Gruppen, zu überwinden.

1. *Suchen Sie einen Ort, wo Sie sich in Ruhe hinsetzen oder -stellen können, während Sie sich mit dem Teil Ihres Selbst in Verbindung bringen, der es genießen würde, unter Menschen zu sein, Leute zu treffen und sich zu amüsieren. Tief in unserem Innern will jeder von uns Spaß haben und die Gesellschaft anderer genießen, sogar wenn es Fremde sind.*

2. *Achten Sie auf das negative Selbstgespräch, das in Ihrem Kopf ununterbrochen abläuft. Welche Dinge sagen Sie über sich und Ihr Auftreten in Gesellschaft?*

   - *»Wahrscheinlich sage ich wieder das Falsche.«*
   - *»Was, wenn die anderen Leute spüren, wie ängstlich und nervös ich bin, und mich unsympathisch finden?«*
   - *»Ich fühle mich unwohl beim Smalltalk oder wenn Redepausen entstehen.«*
   - *»Was, wenn ich in eine peinliche Situation gerate?«*

3. *Rufen Sie sich eine Situation in letzter Zeit in Erinnerung, bei der Sie mit jemandem ein Gespräch anfangen konnten. Wissen Sie noch, wie Ihre Körperhaltung dabei war, wie Sie zuhören, Blickkontakt zulassen, Fragen stellen und Persönliches preisgeben konnten? Vielleicht war es eine Unterhaltung mit Ihrem Chef, einem Kollegen, einer Freundin oder Ihrem Therapeuten. In diesem kostbaren Moment hatten Sie Vertrauen und Selbstwertgefühl. Jemand hat Ihnen zugehört, Sie haben jemandem zugehört.*

4. *Nutzen Sie die Atempause, um sich gegenwärtig zu machen, dass Sie, so wie Sie sind, einzigartig und interessant sind. Wenn Sie den Mut fassen, Sie selbst zu sein und sich zu lieben, werden auch Liebe und Schönheit nach außen strahlen. Wenn Sie sich selbst akzeptieren, erlauben Sie auch anderen, Sie zu akzeptieren, egal ob Sie nun besonders schüchtern, in sich gekehrt oder redefaul sind. Ja, Sie werden Akzeptanz für jeden in Ihrer Umgebung ausstrahlen, so dass auch die anderen einfach sie selbst sein können.*

16.
Ihre persönliche Meditation

Wo und wann im Fluss Ihres täglichen Lebens würden Sie sich gern mehr verbunden und präsent fühlen?

Nutzen Sie den Raum hier, um Ihre eigene Meditation oder Übung niederzuschreiben, mit deren Hilfe Sie Ihre Gefühle annehmen und die Angst überwinden können. Lassen Sie sich von Achtsamkeit und Wohlwollen sich selbst gegenüber leiten. Sehen Sie genau hin, lauschen Sie tief in sich hinein und vertrauen Sie auf sich selbst!

3

Mit Körper und Geist Freundschaft schließen durch tägliche Meditation

Wenn heute herausfordernde Erfahrungen und intensive Energien auftreten, in mir oder außerhalb von mir, will ich darauf achten, wie ich mit ihnen umgehe, und bewusst Herzensgüte und Mitgefühl gegenüber mir selbst und der Welt um mich üben.

In diesem Kapitel

Die Meditationen und Übungen in diesem Kapitel konzentrieren sich auf die eine Frage: Wie gehen Sie mit dem Leben um? (Im Gegensatz zur üblichen Fragestellung: Wie geht das Leben mit Ihnen um?)

Kämpfen Sie gegen das Leben an, verdammen Sie es, ignorieren Sie es, mögen Sie es? »Leben« bedeutet hier alles Lebende und die Situationen in der Welt in Ihnen und um Sie herum. »Leben« schließt vor allem *Sie selbst* mit ein und alle Ihre Teile (und vergessen Sie nicht die unangenehmen, wie Ängste, Furcht und Schmerz).

Warum geben Sie sich nicht das Versprechen, freundlicher zu sein, warmherziger zu sein, das Leben mehr zu schätzen, zumindest so lange, wie Sie für eine Meditationsübung brauchen? Wie wäre es, wenn Sie beschließen, nichts und niemanden aus Ihrem Herzen auszuschließen (vielleicht nur ein paar achtsame Atemzüge lang), welchen Geisteszustand und welches Benehmen auch immer diejenigen an den Tag legen mögen? (Trotzdem ist es keine Bedingung für das »Ins-Herz-Schließen«, dass Sie alles gutheißen müssen oder andere auch noch zu schlechtem Benehmen ermuntern.)

Viele Meditationslehrer betonen immer wieder, dass Achtsamkeit ein Weg der Aufmerksamkeit ist, der Herzensgüte und Mitgefühl für alles Gegenwärtige enthält. Aber unbewusste Gewohnheiten des Beurteilens und Kritisierens sind weder freundlich noch mitfühlend. Sie können die Klarheit der Achtsamkeit trüben und die positive Wirkung, die aus dem klaren

Sehen im gegenwärtigen Augenblick entstehen kann, behindern. Ständiges Kritisieren der eigenen Person und Verurteilen anderer, das nicht wahrgenommen wird und unbewusst bleibt, kann ein erhaltender Faktor, wenn nicht sogar Auslöser für Ängste und Sorgen sein.

Wenn Sie sich darin üben, mehr Wertschätzung zu empfinden und Ihr Herz nicht mehr verschließen, indem Sie ewig sich selbst und die anderen Menschen beurteilen und verdammen und die Erfahrungen im Hier und Jetzt ablehnen, was können Sie dann daraus lernen? Wie kann sich Ihr Leben dann von jetzt ab anders entfalten?

Was wäre, wenn Sie entdecken würden, dass Sie eine Größe des Herzens in sich tragen, von der Sie bisher keine Ahnung hatten? Was, wenn Sie herausfinden, dass der Frieden näher liegt, als Sie gedacht haben, weil *Sie selbst* den Kampf aufgeben können? Was, wenn Sie einfach damit anfangen, sich selbst und das, was in Ihnen ist, zu schätzen und zu trösten? Was, wenn Sie Frieden schließen mit den Gefühlen von Verletzlichkeit und Beschränkung in Ihnen selbst, so wie sie auftauchen und von Ihnen empfunden werden?

Die Meditationen und Übungen in diesem Kapitel laden Sie dazu ein, dem Leben mit genau diesen Fragestellungen im Kopf entgegenzutreten. Sie alle gründen auf der Ansicht, dass Herzensgüte und Mitgefühl bewusst praktiziert werden können. Die Meditationen bieten verschiedene Ansätze, Bilder und Techniken, um den Situationen und Bedingungen des Alltagslebens und Ihres Innenlebens zu begegnen, ohne Beurteilung oder Ablehnung, sondern ganz bewusst mit Freundlichkeit und einladender Offenheit.

Wenn Ihr Verständnis von der »Macht« der Herzensgüte und des Mitgefühls sich vertieft hat, werden Sie feststellen, dass auch das Licht Ihrer Achtsamkeit viel heller strahlen wird.

Unangenehme Bedingungen oder Situationen (wie Gefühle von Angst, Panik oder Schmerz) rufen in uns den Wunsch hervor, sie zu bekämpfen und uns von ihnen zu befreien. Die Ironie der Wahrheit aber ist: Je stärker wir versuchen, gegen Angst und Schmerz anzukämpfen, desto mächtiger scheinen sie zu werden! Die gewohnte Reaktion gegen das Unangenehme ist nun einmal, es zu bekämpfen. Aber wie erfolgreich ist das Ihrer Erfahrung nach? Können Sie die Furcht, Ihre Ängste, Sorgen, den Schmerz bekämpfen und dabei gewinnen?

Die Gewohnheiten des Ablehnens und Wegschiebens, des Bekämpfens einer Bedrohung oder eines unangenehmen Gefühls liegen sehr tief. Anstatt weiter unbewusst diesen Mustern zu folgen, sollten Sie diese Meditationen nutzen, um zu erforschen, wie es ist, mit Körper und Geist Freundschaft zu schließen. Da Herzensgüte und Mitgefühl bereits in Ihnen sind, ist es einfacher, als Sie denken, sie als Meditation und bewusste Handlung auch tatsächlich auszuüben!

Beim Üben

Beim Ausprobieren der Meditationen in diesem Kapitel ist es hilfreich, sich ein paar grundlegende Punkte für das Praktizieren von Herzensgüte und Mitgefühl vor Augen zu halten:

– *Sie müssen sich nicht irgendetwas »vorstellen«.* Herzensgüte und Mitgefühl sind bereits in Ihnen. Diese Meditationen führen Sie nur zu Qualitäten, die bereits in Ihnen vorhanden sind, und laden Sie dazu ein, sie zu erforschen, sich anzusehen, wie sie fließen oder blockiert sind, in jedem einzelnen Augenblick Ihres Lebens.

- *Ein Schlüssel zum Üben von Freundlichkeit und Mitgefühl liegt darin, zu erkennen, dass Sie diese Gefühle* nicht *in sich spüren!* Wenn Sie das bemerken, sollten Sie genau darauf achten, was die negativen Gefühle in Ihnen in Gang hält. Versuchen Sie herauszubekommen, wo und wie Sie aufhören können, sie zu nähren, ohne sie dabei zu hassen oder zu bekämpfen! Manchmal liegt der Schlüssel schon darin, zu erkennen, dass man möchte, dass etwas weggeht, und dann damit aufzuhören und das Gefühl einfach sein zu lassen.

- *Wenn Sie eine Liebende-Güte-Meditation durchführen, bei der Sie sich selbst oder anderen bewusst Glück und Wohlergehen wünschen, ist es in Ordnung, auch andere Gefühle, die in Ihnen auftauchen, zu spüren.* Sie müssen sich – gerade zu Anfang – nicht »auf Teufel komm raus« glücklich oder liebevoll fühlen. Und wenn traurige oder ärgerliche Gefühle auftauchen, ist das in Ordnung. Sie spiegeln wahrscheinlich irgendeinen lang ignorierten Schmerz in Ihnen wider, der sich nun endlich sicher genug fühlt, um an die Oberfläche zu kommen. Denken Sie daran, allem, was auftaucht, mit Offenheit und Mitgefühl zu begegnen.

Zur Erinnerung

- Achtsamkeit ist einladend und freundlich.

- Indem Sie alte Gewohnheiten der Kleinlichkeit und Feindseligkeit in sich erkennen, können Sie sich davon befreien und werden präsenter sein und das, was im Hier und Jetzt ist, besser erkennen und besser darauf reagieren können.

- Sie können Freundlichkeit und Mitgefühl durch bewusstes Meditieren und Üben stärken, und dadurch, dass Sie sich fest vornehmen, der Art und Weise, wie Sie die Welt behandeln, Aufmerksamkeit zu schenken, anstatt blockiert zu sein von einer vorgefassten Meinung, wie die Welt Sie behandelt.

1.
Den Krieg gegen negative Gefühle in uns beenden

Von der modernen Psychologie lernen wir, dass schon ein feindseliger oder angstvoller Gedanke allein den Kampf-oder-Flucht-Reflex hervorrufen kann, und eine uralte Weisheit besagt, dass Krieg nicht durch Krieg beendet werden kann, sondern allein durch Liebe. Deswegen ist es völlig sinnlos, wütend über negative Gefühle zu sein oder wütend auf sich selbst, weil man diese Gefühle hat.

Nutzen Sie diese Meditation, um eine andere Einstellung zu Ihren verstörenden Gefühlen auszuprobieren.

1. *Wenn Sie aufgeregt sind – aus Wut, Angst oder Sorge zum Beispiel –, sollten Sie Ihr Gefühl sofort benennen und beschließen, diesmal anders damit umzugehen.*

2. *Atmen Sie ein paar Atemzüge lang achtsam, bis Sie sich gefestigter und zentrierter fühlen.*

3. *Wenden Sie Ihrem Körper Ihre achtsame Aufmerksamkeit zu und versuchen Sie, die Stellen zu spüren, wo sich Ihre Erregung in Körperempfindungen manifestiert.*

4. *Lassen Sie diese Empfindungen sein und werden Sie weich und offen. Versuchen Sie, den Raum um diese Empfindun-*

gen zu spüren. Achten Sie darauf, wie die verspannten Stellen von einem größeren, schmerzfreien Raum umgeben sind. Dieser größere Raum ist fähig, all die Aufregung in sich aufzunehmen.

5. *Achten Sie auf ärgerliche Gedanken oder Verurteilungen Ihrer selbst oder Ihrer Aufregung und hören Sie auf, diese zu nähren oder dagegen anzukämpfen. Lassen Sie sie einfach ziehen.*

6. *Ruhen Sie sich in dem Gefühl der Weite und Ganzheit in Ihrem Innern aus. Auf dieses Gefühl können Sie sich verlassen. Atmen Sie achtsam, während Sie diese Meditation durchführen.*

2.
Bauchentspannung

Wenn akuter Stress und übermäßige Sorge Sie gefangen halten, fühlt sich Ihr Magen wahrscheinlich wie ein einziger Knoten an, der sich bei jedem angstvollen Gedanken schmerzhaft zusammenzieht. Der Magen ist ein Auffangbecken für gebündelte Spannung, die schwer wieder daraus zu entfernen ist. Magen- oder Bauchschmerzen sind auf jeden Fall ein Signal, das Ihre Aufmerksamkeit erfordert.

Die folgende Übung hilft Ihnen, der Spannung in Ihrem Bauch Aufmerksamkeit zu schenken und den Stress zu vermindern, bevor er sich dauerhaft in Ihrem Körper festsetzt.

1. *Setzen oder legen Sie sich entspannt hin und schließen Sie die Augen. Konzentrieren Sie sich auf Ihre Atmung und das Heben und Senken Ihrer Brust.*

2. *Legen Sie beide Hände mit den Handflächen nach unten sanft auf Ihren Bauch. Atmen Sie tief in den Bauch hinein und spüren Sie, wie er sich mit jedem Atemzug hebt und senkt.*

3. *Bewegen Sie Ihre Hände langsam kreisförmig über Ihren Bauch. Achten Sie darauf, wo die Knoten der Verspannung liegen und konzentrieren Sie sich mit Ihrer sanften Bewegung auf diese Bereiche. Sind Sie direkt unter dem Brust-*

korb besonders angespannt? Oder etwas tiefer, in Höhe des Nabels? Fühlt sich Ihre Angst an, als ob mehrere Boxer auf einen Boxsack einschlagen würden? Oder ist einfach alles hart wie Beton?

4. *Reiben Sie weiter sanft Ihren Bauch und stellen Sie sich winzige Fäuste vor, die sich anspannen und wieder entspannen, sich öffnen und schließen. Programmieren Sie Ihren Geist um, so dass er diese Fäuste entspannt und sie vom Kampf ablassen können. Lockern Sie den Griff, den der Stress auf Sie ausübt, indem Sie sich jede verspannte Körperstelle als weit geöffnete Handfläche vorstellen.*

5. *Sprechen Sie sich laut oder in Gedanken vor: »Ich bemerke achtsam, dass ich in meinem Bauch Spannung angesammelt habe. Ich umgebe meine verspannten Muskeln mit Liebe und Zärtlichkeit. Ich massiere Mitgefühl und Herzensgüte in meinen Körper, die mich befähigen, loszulassen und zu entspannen.«*

Bewegen Sie sich zum Abschluss sanft, um dann ruhiger und entspannter ins Alltagsgeschehen zurückzukehren.

3.
Sorgen Sie für sich selbst!

Die Anforderungen im Beruf nehmen zu, auch zu Hause lässt der Stress nicht nach, und jetzt haben Sie auch noch das Gefühl, dass Sie eine Erkältung bekommen. Das alles lässt Sie schier verzweifeln! Wenn Sie sich ständig um die Bedürfnisse anderer kümmern und Ihre eigenen dabei vernachlässigen, werden Sie mit der Zeit reizbar und genervt. Sie sind verspannt und haben Kopfschmerzen. Wo sollen Sie nur die Zeit für sich selbst hernehmen? Wie können Sie besser für sich selbst sorgen? Sie brauchen einen Pflegeplan für sich selbst, damit Ihre Bedürfnisse wieder an die richtige Stelle rücken.

- Beginnen Sie damit, Ihre Aufmerksamkeit weg von der Arbeit, von Ihrem Zuhause, der Familie und anderen und hin zu sich selbst zu lenken. Fragen Sie sich Folgendes: »Was geht in meinem Körper vor? Was will mein Körper mir sagen? Was fühle ich? Wie kann ich mehr mit den Bedürfnissen meines Körpers in Einklang sein?«

- Denken Sie darüber nach, was auf Ihrem Pflegeplan für sich selbst stehen müsste. Ihre Gesundheit und Ihr Wohlbefinden könnte von den folgenden Schlüsselfaktoren abhängen:

1. *Ernährung*
2. *Bewegung*
3. *Stressreduktion*
4. *Beziehungen*

– Wenn Sie Ihr Verhältnis zu diesen vier Säulen der Gesundheit untersuchen, können Sie besser erkennen, was genau Sie im Augenblick brauchen.

– Nehmen Sie sich einen Moment Zeit, Ihre Kernbedürfnisse zu erkennen, indem Sie mit Hilfe der vier Säulen der Gesundheit feststellen, welcher Bereich vernachlässigt ist. Hier kann die Lösung zu Ihrem Leiden liegen. Dafür einige Beispiele:

1. *Ernährung:* »Ich habe vergessen zu frühstücken und bin jetzt vor lauter Hunger ganz nervös. Zeit, etwas zu essen!«

2. *Bewegung:* »Diese Anspannung in meinem Rücken wird sicher besser, wenn ich einen schnellen Spaziergang mache oder zum Joggen gehe.«

3. *Stressreduktion:* »Letzte Nacht konnte ich gar nicht schlafen; ein kleines Nickerchen bringt sicher meine Energie zurück.«

4 *Beziehungen:* »Ich war heute früh unfreundlich zu meinem Partner, weil ich Angst hatte, zu spät zur Arbeit zu kommen. Jetzt rufe ich ihn an und entschuldige mich.«

– Erstellen Sie im Geist oder tatsächlich eine Liste: Was können Sie tun, um für Ihre elementarsten Bedürfnisse zu sorgen? Essen Sie, schlafen Sie, spielen Sie, lieben Sie und heißen Sie an jedem Tag das Wohlbefinden in Ihrem Leben willkommen!

4.
Reflexion über den Selbstwert

Ein unbewusster Hang zur Selbstkritik kann Ihr Wohlbefinden untergraben und zu Ängsten beitragen. Nutzen Sie die folgende Meditation, um sich von Selbstzweifeln und Selbstkritik zu befreien.

1. *Setzen oder legen Sie sich an einem ungestörten Ort hin und machen Sie es sich bequem.*

2. *Atmen Sie ein paar Atemzüge lang achtsam und lassen Sie Geist und Körper entspannen und zur Ruhe kommen.*

3. *Lassen Sie Ihre Aufmerksamkeit immer freundlicher und sensibler werden.*

4 *Sie müssen sich nicht beeilen oder irgendetwas geschehen lassen. Entspannen Sie sich einfach!*

5. *Wenn Sie sich ruhig und im Innern bereit fühlen, stellen Sie sich eine bewusste Frage zu Ihrem Selbstwert, z. B.: »Traue ich mir selbst?«, »Bin ich stark genug?«, »Bin ich gut genug?«.*

6. *Lassen Sie diese Frage in Ihren Geist und Ihr Herz sinken wie einen Kiesel in einen stillen Teich.*

7. *Atmen Sie achtsam, verweilen Sie in freundlicher Aufmerksamkeit und weicher Bewusstheit.*

8. *Lauschen Sie auf die konzentrischen Wellen, die von der Frage zurückkommen, die Sie in den Teich geworfen haben. Lauschen Sie einfach, ohne zu urteilen oder zu diskutieren, und lassen Sie alle Antworten zu, die ans Tageslicht kommen.*

9. *Lassen Sie sich vom achtsamen Atmen und Lauschen halten und stützen.*

10. *Begegnen Sie allen Gefühlen von Selbstzweifel mit Mitgefühl und Herzensgüte.*

11. *Bieten Sie diesen Gefühlen Heilung und Erbarmen an.*

12. *Lassen Sie sich leiten von der Weisheit, die Sie aus dieser Reflexion ziehen!*

5.
Folgen Sie Ihrem Herzen!

Eine ältere Freundin von mir, die unter Ängsten leidet, klagt öfters, dass sie in bestimmten Situationen sehr starkes Herzklopfen bekommt. Zusätzlich leidet sie an Schweißausbrüchen, Schwindel und Zittern am ganzen Körper. Sie bekommt schon fast ihr ganzes Erwachsenenleben lang Medikamente gegen ihre Angstzustände.

Eine ausgewachsene Panikattacke ist keine Lappalie. Das Herzrasen allein zeigt uns, dass irgendetwas Grundlegendes nicht stimmt.

In der nächsten Übung geht es darum, Ihrem Herzen zu lauschen. Hören Sie einmal nicht wie üblich auf Ihren Verstand, sondern auf Ihr Herz und fragen Sie sich, was es Ihnen zu sagen hat.

1. *Setzen oder legen Sie sich entspannt hin und schließen Sie die Augen. Lassen Sie Arme, Beine und den ganzen Körper locker werden.*

2. *Richten Sie Ihre Aufmerksamkeit auf Ihr Herz und achten Sie darauf, was damit vorgeht. Schlägt es wie ein Dampfhammer? Oder schlägt es unregelmäßig? Was auch immer es tut, nehmen Sie sich einen Moment Zeit, um zu erspüren, was es Ihnen mitteilen möchte.*

3. *Wenn Ihr Herz sprechen könnte, was würde es Ihnen sagen? »Ich bin völlig ausgepowert im Moment. Bitte nimm Rücksicht auf mich. Bitte hilf mir! Ich brauche gerade jetzt etwas Unterstützung. Ich habe Angst und muss wissen, dass du dich um mich kümmerst.« Öffnen Sie sich, um ein guter Zuhörer für Ihr Herz zu sein.*

4. *Überlegen Sie jetzt, wie Sie die Bedürfnisse Ihres Herzens sensibler und liebevoller achten könnten. Es hat Ihnen seine Gefühle und seine Verletzbarkeit offenbart. Können Sie im Gegenzug Mitgefühl anbieten und das Versprechen, dass Sie sich kümmern werden?*

Wenn Sie auf die Sprache Ihres Herzens hören, können Sie in Zukunft auch besser für sich selbst sorgen und in stressigen Augenblicken ruhiger bleiben.

6.
Aus dem Nebel auftauchen

Haben Sie Schwierigkeiten, sich zu konzentrieren, wenn Sie unter Druck stehen? Im einen Moment haben Sie einen klaren Kopf, und im nächsten Augenblick ist es schon wieder vorbei damit. Auf einmal scheinen die einfachsten Aufgaben unüberwindlich. Ihr Gehirn ist wie umnebelt, Sie sind äußerst störungsanfällig und können sich auf keinen Gedanken richtig konzentrieren.

Ein wenig körperliche Bewegung kann Ihre Blutzirkulation wieder in Schwung bringen, Spannung abbauen und bewirken, dass Sie sich in Ihrem Körper wieder wohler fühlen. Der angstreduzierende Effekt von regelmäßiger Bewegung ist gut belegt.

Überlegen Sie, welche Art der Bewegung sich für Sie eignen könnte, wie zum Beispiel Tennis, Joggen, Squash, Hanteltraining, Wandern, Schwimmen etc. Wenn Ihnen das alles zu umständlich erscheint, könnten Sie einfach in der Nachbarschaft ein wenig spazieren gehen – Hauptsache, Sie lassen die Couch und Ihre Sorgen hinter sich und treten in Kontakt mit Ihrem Körper.

Ein guter Beginn ist diese Gehmeditation für Anfänger.

1. *Zuvor sollten Sie sicherstellen, dass Sie gute Laufschuhe anhaben. Dehnen Sie zum Aufwärmen Ihre Waden- und die restlichen Beinmuskeln.*

2. *Vor dem Losgehen atmen Sie zuerst fünf- bis zehnmal tief durch, um alle Ihre Körperzellen aufzuwecken und auf die Bewegung einzustellen.*

3. *Achten Sie beim Gehen auf Ihre Haltung. Gehen Sie mit aufrechtem Rückgrat und weiten Sie die Brust, damit Sie die frische Luft aufnehmen können. Lassen Sie die Arme gegengleich zur Bewegung der Beine schwingen, um Ihre beiden Gehirnhälften zu aktivieren.*

4. *Achten Sie darauf, ob irgendwelche Stellen im Körper schmerzen. Sind Sie außer Form? Vielleicht plagt Sie am Anfang das eine oder andere Zipperlein, aber wenn Sie im Lauf der Zeit mehr Übung, Kraft und Ausdauer bekommen, wird das von selbst vergehen.*

7.
Freundliche Wünsche: Grundlegende Liebende-Güte-Meditation

Es gibt vielerlei Meditationsmethoden, um Herzensgüte und Mitgefühl zu stärken. Die folgende Methode beruht auf einer der ältesten Formen für Liebende-Güte-Meditationen überhaupt und wurde angeblich von Buddha selbst gelehrt.

Natürlich müssen Sie kein Buddhist sein, um diese Übung durchzuführen. Und Sie werden dadurch auch nicht zum Buddhisten, aber wahrscheinlich feststellen, dass Sie so etwas Ähnliches in Ihrem Leben schon öfter getan haben. Die Meditation ist leicht durchzuführen und sehr flexibel und kann Heilung und Wandlung bewirken.

Der Satz, den Sie auswählen, sollte einen warmen Widerhall in Ihrem Herzen hervorrufen. Ihr Wunsch sollte außerdem etwas sein, das alle Menschen schätzen würden, egal in welcher wirtschaftlichen Situation sie sich befinden.

Es ist bei dieser und jeder anderen Liebende-Güte-Meditation kein Problem, wenn schmerzhafte oder verstörende Gefühle oder Erinnerungen auftauchen. Machen Sie diese Gefühle zum Gegenstand von gütiger und mitfühlender Aufmerksamkeit, anstatt sie aus Ihrem Herzen zu verbannen.

Sie können diese Meditation formell oder informell und so lang und so oft, wie Sie wollen, praktizieren. Sie können sie nur auf sich selbst ausrichten, auf jeden anderen Menschen oder die ganze Menschheit.

1. *Nehmen Sie eine bequeme Position ein. Sie können sich auch hinlegen. Schließen Sie die Augen, wenn Sie möchten.*

2. *Konzentrieren Sie sich auf Ihren Atem und atmen Sie ein paar Augenblicke lang achtsam.*

3. *Verlegen Sie Ihre Aufmerksamkeit auf den Herzraum in der Mitte Ihrer Brust und achten Sie auf jegliche Gefühle und Empfindungen dort. Nehmen Sie jede Empfindung gütig an!*

4. *Öffnen Sie sich und nehmen Sie die Gefühle von Herzensgüte und Freundlichkeit an, die in Ihnen sind. Erinnern Sie sich dazu an einen guten Freund, an jemanden, den Sie lieben, an Ihr Haustier oder an das warme Gefühl, wenn ein Kind nach Ihrer Hand greift. Lassen Sie sich von diesem Gefühl der Herzensgüte ausfüllen und so gut wie möglich tragen.*

5. *Verlegen Sie Ihre Aufmerksamkeit jetzt wieder auf sich selbst. Stellen Sie sich vor, Sie sprechen mit sich selbst oder mit einem Teil von Ihnen, der aufgeregt, verletzt und bedürftig ist. Sprechen Sie gütig und mit Mitgefühl einen Satz wie: »Möge ich immer behütet sein«, »Möge ich glücklich sein«, »Möge ich gesund und munter sein« oder »Möge ich mit Leichtigkeit und in Frieden leben«.*

6. *Wiederholen Sie Ihren Satz/Ihre Sätze, als ob Sie sich ein sanftes Wiegenlied vorsummen.*

7. *Wenn Ihre Aufmerksamkeit abwandert oder irgendwelche Gefühle auftauchen, haben Sie nichts falsch gemacht. Lassen Sie alle Gefühle zu und kehren Sie dann mit Ihrer Aufmerksamkeit zu Ihrem Satz zurück.*

8. *Wenn Sie es möchten, können Sie jetzt Ihre Aufmerksamkeit einem Freund oder anderen geliebten Menschen zuwenden. Stellen Sie sich vor, dass Sie Ihren Satz direkt zu dieser Person sagen und ihr damit Gutes wünschen.*

9. *Wenn Sie wollen, können Sie nach einer gewissen Zeit Ihre Aufmerksamkeit auf eine weitere Person richten oder auf eine Gruppe von Freunden. Aber sprechen Sie weiter Ihren Satz, analysieren Sie nicht zu viel.*

10. *Wenn Sie dazu bereit sind, schicken Sie jetzt die guten Wünsche an eine Person, die bei Ihnen Anspannung hervorruft, schwierig für Sie ist, vielleicht sogar an jemanden, den Sie nicht mögen. Denken Sie daran: Sie müssen das verletzende Verhalten dieser Person nicht gut finden, aber Sie üben, sogar diesem Menschen Wohlbefinden zu wünschen. Was kostet es Sie, ihm Herzensgüte zu schicken?*

11. *Wann immer Sie Ihre Aufmerksamkeit fokussieren wollen, atmen Sie ein paar Atemzüge lang achtsam.*

12. *Sie können gütige Wünsche auch an Tiere oder alles andere, was auf dieser Erde lebt, senden.*

13. *Meditieren Sie, so lange Sie wollen. Dann lassen Sie Ihren Satz verklingen und öffnen die Augen.*

8.
Liebevolle Selbstbetrachtung

Ängste können sich auf vielerlei Art in Ihrem Körper manifestieren – mit Hitzewallungen, Schweißausbrüchen, Herzklopfen, einem flauen Gefühl im Magen. Das Auftreten solcher Symptome kann Ihren Stresslevel weiter nach oben treiben. Besonders frustrierend ist es, wenn die Symptome in Gegenwart anderer, wie z. B. vor Ihren Kollegen oder Schülern, auftreten. Denn das Letzte, was Sie möchten, ist, noch mehr Aufmerksamkeit auf sich zu ziehen. Wenn Sie das nächste Mal an Ihr Limit kommen, sollten Sie diese Übung ausprobieren:

1. *Setzen oder stellen Sie sich bequem hin.*

2. *Anstatt gegen Ihre sorgenvollen Gedanken anzukämpfen oder zu versuchen, sie zu ignorieren, nehmen Sie sich einen Moment Zeit, darüber nachzudenken, was Sie verunsichert. Was genau verursacht in diesem Fall Ihre Ängste? Liegen Ihre Sorgen in der Arbeit, zu Hause, in der Schule? Sind Sie besorgt um Ihren Arbeitsplatz? Machen Sie sich Sorgen um die Sicherheit Ihrer Kinder, Ihres Partners, Ihrer Mutter oder einer anderen Person? Haben Sie Angst davor, zu versagen oder einen Fehler zu machen? Betrachten Sie Ihre Gefühle genau und suchen Sie die Quelle dessen, was Ihren Ängsten die Oberhand verleiht.*

3. *Fragen Sie sich selbst: »Welche Art von Zuneigung kann ich mir spenden, um mein Leiden zu erleichtern? Wie kann ich jetzt gleich freundlicher und sensibler mit mir umgehen?« Vielleicht brauchen Sie ein Schläfchen, eine kleine Mahlzeit oder eine Arbeitspause für einen Spaziergang. Vielleicht wollen Sie Ihre Familie anrufen, fragen, ob es allen gutgeht? Vielleicht wollen Sie sich selbst in den Arm nehmen. Sie können lernen, gütig mit sich selbst umzugehen, auch wenn Sie gestresst und voller Angst sind.*

9.
Wellen der Entspannung

Sie haben sich die ganze Nacht lang grübelnd im Bett herumgewälzt. Unmöglich, einzuschlafen. »Was, wenn ich morgen durchs Examen falle?«, »Was, wenn ich krank werde, ehe ich ein paar Tage frei nehmen kann?«, »Ich muss unbedingt daran denken, noch diese Statistik in meinen Bericht einzubauen!« So geht es weiter und immer weiter, ohne eine Lösungsstrategie oder Pause. Zusätzlich plagt Sie die Sorge, dass Sie am nächsten Tag müde und fix und fertig sind und dass das Ihre Arbeit, Leistung, Haltung und Stimmung beeinträchtigen wird.

Schlaflosigkeit ist ein verbreitetes Symptom bei Leuten mit Angststörungen, und sie kann sich tagelang negativ auswirken. Die folgende progressive Entspannungstechnik hilft Ihrem Körper und Geist, für den Rest der Nacht Ruhe und Frieden zu finden.

1. *Atmen Sie zuerst einige Male tief durch. Lassen Sie dann mit jeder Ausatmung die negativen Gedanken und die Spannung in Ihnen los. Atmen Sie Gelassenheit ein. Atmen Sie Ihre Ängste aus. Verfahren Sie einige Minuten lang so.*

2. *Legen Sie sich entspannt flach auf den Rücken, die Beine gestreckt, die Arme seitlich neben dem Körper. Beugen Sie jetzt Ihre Zehen in Richtung Fußsohlen, spannen Sie die Muskeln für eine Sekunde fest an und lassen Sie wieder los.*

Wiederholen Sie das einige Male – anspannen und entspannen, anspannen und entspannen.

3. *Spannen Sie die Schienbeinmuskeln, indem Sie Ihre Zehen weit nach oben ziehen und wieder loslassen. Zwei- bis dreimal ist genug. Ziehen, kurz halten, wieder loslassen.*

4. *Spannen Sie die Oberschenkelmuskeln an, Spannung kurz halten und wieder loslassen. Ein paarmal wiederholen.*

5. *Kontrollieren Sie Ihre Atmung. Sie sollten den Atem während der Übung nicht anhalten.*

6. *Gehen Sie weiter zu den Gesäßmuskeln. Ziehen Sie die Pobacken zusammen und lassen Sie wieder los. Achten Sie darauf, wie Ihre Hüften, Ihr Becken schwer werden.*

7. *Fahren Sie nach dem gleichen Muster mit den Muskeln in Bauch, Brust, Schultern, Armen, Händen, Nacken, Kiefer, Augen, Stirn und Mund fort. Das Atmen nicht vergessen!*

8. *Suchen Sie die Körperstellen, die noch verspannt sind, und behandeln Sie die Muskeln dort mit derselben Technik.*

9. *Stellen Sie sich Wellen der Entspannung vor, die von Ihren Zehen bis zu Ihrem Kopf durch Ihren Körper laufen und jeden Muskel, jedes Nervenende sättigen.*

Anschließend geben Sie sich der Entspannung hin, bis Sie einschlafen.

10.
Mitgefühl mit sich selbst in schwierigen Zeiten

Eine weise Beziehung zu Schmerz und Kummer beginnt mit Mitgefühl für sich selbst, weil Sie ja schließlich diese Bürde tragen müssen.

Unglücklicherweise reagieren wir gewöhnlich mit Wut und Kleinlichkeit auf Schmerz und Leid bei uns und manchmal auch bei anderen. Die darunterliegenden Gefühle von Furcht und Verletzlichkeit befeuern die Wut und Feindseligkeit gegen den Schmerz und bringen noch mehr Schmerz mit sich.

Mitgefühl öffnet den Weg zu einer anderen Beziehung zum Schmerz. Es meint wörtlich »mit dem Schmerz fühlen«. Mitgefühl beinhaltet den Willen, präsent zu bleiben wie auch zu handeln, um den Schmerz zu erleichtern. Das erfordert Mut und gibt Kraft. Mitfühlende Handlung bietet einen Weg, dem Schmerz zu begegnen, bei dem gleichzeitig auch Gefühle von Angst und Verletzlichkeit mit Aufmerksamkeit und Fürsorge bedacht werden.

Nutzen Sie die folgende Meditation, um bei sich (und anderen) zu bleiben und in Zeiten des Schmerzes und der Angst mitfühlend zu handeln. Üben Sie diese Meditation formell zu Ihrer allgemeinen Unterstützung und informell in herausfordernden Situationen.

1. *Wenn psychischer oder physischer Schmerz Sie plagt, lenken Sie Ihre Aufmerksamkeit bewusst auf Ihren Körper und beginnen Sie, achtsam zu atmen.*

2. *Wenn Sie sich gefestigter fühlen, öffnen Sie sich den verstörenden Erfahrungen in Ihrem Körper und Geist. Benennen Sie sie behutsam und mit Mitgefühl. Sagen Sie zum Beispiel: »Ich habe Angst um meine Gesundheit«, »Ich habe Rückenschmerzen«, »Ich habe Angst, einen geliebten Menschen zu verlieren«.*

3. *Nach dem Benennen des Leidens könnten Sie noch hinzufügen: »So drückt sich der Schmerz/die Angst/die Sorge/die Wut in meinem Körper und Geist aus.«*

4. *Atmen Sie achtsam, um gefestigt und präsent zu bleiben, während Ihre Erfahrung sich in Ihnen entfaltet. Entspannen Sie, werden Sie so weit wie möglich weich und offen für die Erfahrung.*

5. *Stellen Sie sich nun vor, direkt zu sich selbst oder zu den leidenden Anteilen Ihrer selbst zu sprechen. Versprechen Sie Erleichterung. Visualisieren Sie, dass Sie brennender Wut kühles Wasser anbieten. Dass Sie schmerzende Körperstellen sanft massieren. Geben Sie den Ängsten Raum und bieten Sie ihnen einen bequemen Ruheplatz an.*

6. *Sprechen Sie ruhig, gütig und tröstend zu Ihrem Leiden: »Mögest du Frieden finden«, »Mögest du dich aufgehoben fühlen«, »Mögest du Erlösung finden«.*

7. *Üben Sie, solange Sie wollen. Seien Sie geduldig, versuchen Sie nichts zu ändern. Lassen Sie Ihr Herz voll werden mit Mitgefühl und guten Wünschen für Ihr Leiden, was auch immer als Nächstes geschehen mag.*

8. *Sprechen Sie am Ende der Meditation mitfühlend und gütig zu sich selbst. Sagen Sie zum Beispiel: »Möge ich in Frieden und mit Freude leben«, »Möge ich frei sein von Angst und Schmerz«.*

11.
Das Gute über das Böse siegen lassen

Ist Ihnen leicht etwas peinlich? Werden Sie oft rot und fühlen sich dann bemüßigt, den anderen zu erklären, warum Ihr Gesicht glüht? Wenn Sie vor anderen sprechen müssen oder mit Ihrem Chef reden, sind Ihre Kehle und Ihr Mund dann oft extrem trocken?

Soziale Ängste manifestieren sich im Körper auf die verschiedenste Art und Weise, und das kann sich äußerst erniedrigend anfühlen. Statt vor diesen Peinlichkeiten weiterhin davonzulaufen, sollten Sie diese wärmespendende Meditation ausprobieren, um die unguten Gefühle zu überwinden. Machen Sie eine Aufnahme von dieser Meditation und sprechen Sie den Text dabei langsam, ganz ruhig und mit klarer Betonung.

1. *Nehmen Sie eine bequeme Position ein. Konzentrieren Sie sich zuerst auf Ihren Atem.*

2. *Rufen Sie sich die letzte peinliche Situation ins Gedächtnis und überlegen Sie, was genau Sie so schrecklich beschämt hat.*

3. *Wenn Sie manchmal auch schüchtern sind und sich sonderbar benehmen, so sind Sie doch auch gütig, großzügig und liebevoll im Umgang mit vielen Mitmenschen. Ihre Fähigkeit, nach außen Verlegenheit zu zeigen, beweist, dass*

Sie eine sensible Person mit einem großen Herzen sind. Ihr Erröten verrät, dass Sie ein guter Zuhörer sind, dass Sie Ihre Arbeit wichtig nehmen, es immer gut machen wollen und sich Gedanken machen, wie andere Sie sehen. Sie sind mitfühlend und um andere besorgt. Das sind bewundernswerte und anerkannt gute Eigenschaften. Machen Sie sich im Geiste eine Liste dieser Eigenschaften, die Sie an sich selbst schätzen, z. B. dass Sie freundlich sind, respektvoll, höflich, großzügig, einfühlend usw.

4. *Stellen Sie sich vor, dass sich mit jeder Einatmung Ihre positiven Seiten vergrößern, bis sie Ihren ganzen Körper durchdringen. Spüren Sie, dass Sie schon aufrechter dastehen und vertrauensvoller in die Welt blicken können?*

5. *Stellen Sie sich bei jeder Ausatmung vor, wie Sie Verlegenheit, Scham und die Gefühle der Kränkung loslassen. Das Erröten wird schwächer und verschwindet. Ihr Körper findet eine angenehme Position, in der Sie sich entspannt und zuversichtlich fühlen, was auch immer kommen mag. Ihre wunderbare Persönlichkeit und Ihre Gaben überwiegen Ihre Schwächen bei weitem. Sie sind mehr als die Summe Ihrer Peinlichkeiten.*

Beenden Sie die Meditation, indem Sie ein wenig herumspazieren und Ihren Körper sanft bewegen. Jetzt können Sie die aus dieser Übung gewonnene Einsicht hinaus in die Welt tragen.

12.
Geste der Hingabe

Viele Leute leiden infolge ihrer Ängste unter unkontrollierbarem Muskelzucken und Muskelkrämpfen. Bei manchen Menschen zuckt häufig das Augenlid. Andere stottern und verhaspeln sich im Gespräch und haben das Gefühl, sie hätten einen Kloß im Hals. Wenn Sie wieder einmal das Gefühl haben, dass Ihr Körper Sie im Stich lässt, sollten Sie eine Pause einlegen und diese einfachen und beruhigenden Yogaübungen ausprobieren. Sie helfen Ihnen, sich wieder zentriert und geerdet zu fühlen und Körper, Seele und Verstand neu zu verbinden.

1. *Ziehen Sie sich lose, bequeme Kleidung an. Verzichten Sie auf Schuhe.*

2. *Suchen Sie sich einen friedlichen Ort, wo niemand Sie stört.*

3. *Setzen Sie sich im Schneidersitz auf den Boden und legen Sie die Hände auf die Knie.*

4. *Konzentrieren Sie sich mit offenen oder geschlossenen Augen auf Ihre Haltung, die aufrecht, aber nicht angespannt sein soll. Spüren Sie in Ihrem Gesäß das Gefühl des Geerdet-Seins. Verharren Sie ein paar Minuten lang in dieser entspannenden Position.*

5. *Strecken Sie jetzt Ihre Arme Richtung Himmel und lassen Sie sie langsam wieder an Ihre Seiten sinken. Wiederholen Sie diese Bewegung, sooft Sie wollen. Atmen Sie weiter Ruhe ein und Anspannung aus.*

6. *Nehmen Sie jetzt Ihre Hände zur Gebetshaltung hoch. Singen Sie laut oder in Ihrem Innern »Om« oder machen Sie Ihre Ausatmung durch ein »Ahh ...« hörbar. Versuchen Sie das ein paar Atemzüge lang. Stellen Sie sich vor, Sie geben sich ganz einem friedlichen Zustand von Körper, Geist und Seele hin.*

Viele Menschen praktizieren täglich Yoga, um wieder in Einklang mit ihrem Körper zu kommen und ihren Stresslevel zu reduzieren. Auch Sie können so das nächste Mal, wenn Ihr Körper von Ihren Ängsten spricht, wieder zur Ruhe kommen.

13. Liebende-Güte-Body-Scan: Zuneigung und Dankbarkeit für Ihren Körper entwickeln

Alte, unbewusste Gewohnheiten von Kleinlichkeit, Selbstkritik und ständigem Beurteilen können schädliche Auswirkungen auf Ihren Körper haben. Wie behandeln Sie zum Beispiel Ihren Körper, wenn er krank oder verletzt ist und schmerzt? Gehen Sie dann wütend oder liebevoll mit ihm um?

In längeren formellen Sitzungen, aber auch zwischendurch nur ein paar Atemzüge lang kann Ihnen die folgende Liebende-Güte-Meditation helfen, eine weisere und freundlichere Beziehung zu Ihrem Körper herzustellen. In Zeiten von Ängsten und Sorge, wenn Ihre »Körperangst« wieder einmal überwältigend ist, tut das besonders gut.

1. *Nehmen Sie eine bequeme Position ein. Sie können sogar die Augen schließen.*

2. *Zentrieren Sie sich ein paar Minuten lang durch achtsames Atmen.*

3. *Verlegen Sie Ihre Aufmerksamkeit auf den Fluss aller Körperempfindungen in Ihrem inneren Leib. Öffnen Sie sich diesen Empfindungen, spüren Sie zum Beispiel die Schwere, Vibrationen, Hitze oder Kühle, Verspannungen,*

ein Pulsieren, ein Gefühl der Ausdehnung und des Lösens, während diese Empfindungen durch Ihren Körper fließen und sich verändern.

4. *Erkennen Sie den Fluss dieser Empfindungen als den Fluss des Lebens hier in diesem Augenblick an, als Lebendigsein in einem lebendigen Körper. Sie können auch Dankbarkeit für Ihren Körper ausdrücken, dass er Sie durch dieses Leben trägt. Sagen Sie ihm zum Beispiel liebevoll: »Danke, Körper – bleibe glücklich und gesund!«*

5. *Verlegen Sie Ihre Aufmerksamkeit auf alle Körperstellen, die Sie mögen, zum Beispiel einen Fuß oder Finger, eine Hüfte, Ihren Augapfel, auf die Brust oder den Bauch. Schenken Sie jedem Körperteil, das Sie ruft oder Ihre Zuwendung zu brauchen scheint, Ihre Aufmerksamkeit.*

6. *Sehen Sie sich jede Stelle genauer an und öffnen Sie sich den Körperempfindungen dort. Sprechen Sie dabei mit Herzensgüte und Dankbarkeit: »Danke dir, dass du mich in diesem Leben unterstützt. Ich achte dich. Mögest du gesund bleiben!«*

7. *Wandern Sie so mit Ihrer Aufmerksamkeit durch Ihren Körper, schauen Sie genau hin und spenden Sie Dankbarkeit und gute Wünsche. Beziehen Sie dabei in der Brust auch Herz, Lunge und die großen Blutgefäße, im Bauch Verdauungsorgane, Nerven und Blutversorgung und im Becken die Fortpflanzungs- und Ausscheidungsorgane mit ein.*

8. *Sie müssen das Ganze nicht zu »kopfgesteuert« angehen und brauchen auch nicht viel über Anatomie zu wissen. Arbeiten Sie mit dem, was Sie wissen oder zu wissen glauben. Allein die Empfindungen des Lebens durch jeden Teil Ihres Körpers fließen zu spüren ist gut genug.*

9. *Schließen Sie jeden Körperteil ein, der krank oder verletzt ist. Lassen Sie Ihren Atem achtsam dorthin strömen, während Sie dem Körperteil gütig und mitfühlend Ihre guten Wünsche schicken.*

10. *Üben Sie mit einem oder mehreren Körperteilen oder auch mit dem ganzen Körper so lange, wie Sie möchten.*

11. *Öffnen Sie zum Beenden der Meditation Ihre Augen und bewegen Sie sich sanft. Lassen Sie die Herzensgüte und Wertschätzung für Ihren Körper wachsen.*

14.
Stille im Innern

Chronische Ängste rufen oft ein Gefühl der Rastlosigkeit und permanente Gereiztheit hervor. Vielleicht sind Sie jemand, der schon beim leisesten unerwarteten Geräusch zusammenzuckt, den jede Veränderung in seiner Umgebung verstört. Oder Sie spielen ständig nervös mit Ihren Händen herum, weil Sie nicht still sitzen und geistig zur Ruhe kommen können. Doch Sie sollten sich nicht des Rechts berauben lassen, in jeder Situation ruhig und gefasst zu bleiben.

1. *Legen Sie Ihre Arbeit beiseite und suchen Sie sich ein ruhiges und ungestörtes Plätzchen.*

2. *Setzen Sie sich im Schneidersitz auf den Boden oder legen Sie sich flach auf den Rücken, die Arme seitlich am Körper.*

3. *Achten Sie einige Minuten lang auf Ihre Atmung. Atmen Sie Ruhe ein und Anspannung aus. Atmen Sie Stille ein, Lärm aus. Atmen Sie Frieden ein, Unruhe aus.*

4. *Geben Sie sich selbst die Erlaubnis für eine Auszeit von Ihrem fieberhaft arbeitenden Verstand und Ihrem nervösen Körper. Sitzen oder liegen Sie einfach still da.*

5. *Formulieren Sie Ihre Absicht: »Ich verabschiede mich von*

dieser nervösen Energie. Ich lasse dieses hektische Gefühl in mir los. Ich bin ruhig und still und erinnere so meinen Körper und Geist daran, dass Ruhe und Stille immer in mir sind. Ich führe meinen Körper und Geist zu einem Platz ungestörter Gelassenheit.«

6. *In der Stille gibt es nur Sie und Ihren Atem. Nur ein zeitloses Kontinuum von Frieden und Ruhe, das für Sie reserviert ist, wann immer Sie es brauchen.*

Die lange anhaltende Wirkung dieser Übung wird Sie angenehm überraschen.

15.
Unterstützung für die Nebenniere

Chronischer Stress ist sehr belastend für die Drüsen der Nebennieren, die verantwortlich für die Regulierung der Stressreaktionen im Körper sind. Eine Ermüdung der Nebennieren tritt bei chronischen Angstzuständen häufig auf, strapaziert Ihre Gesundheit zusätzlich und verstärkt die Ängste. Wenn Ihr Körper sich in einem ständigen Stresszustand befindet, werden Ihre Nebennieren überlastet und es kommt zur Unterfunktion. Ihre Stresstoleranz ist dann sehr niedrig, sie sind lethargisch, erschöpft, überempfindlich, leiden unter Unterzuckerung und Schlaflosigkeit, um nur ein paar der gängigen Beschwerden zu nennen.

Ihre Nebennieren bilden eine wichtige Abwehr gegen Stress. Es ist Zeit, ihnen eine Pause zu gönnen und eine tägliche Entspannungsübung einzuführen.

1. *Setzen oder legen Sie sich hin und lauschen Sie dem stetigen Rhythmus Ihres Atems. Wenn Sie zu kurz oder zu flach atmen, sollten Sie jetzt die Gelegenheit nutzen, langsam und tief in den Bauch zu atmen. Lassen Sie in Ihre Lungen den Sauerstoff des pulsierenden Lebens hinein- und die Anstrengung Ihrer Stressbelastung wieder hinausströmen.*

2. *Sprechen Sie Ihre Vorsätze: »Ich lasse meinen Verstand, Körper und Geist zur Ruhe kommen und mich von Muße*

erfüllen. Ich zerschneide die Verbindung von meinem Stress und meinen Ängsten zu jedem meiner Organe – dem Herzen, der Leber, der Milz, der Bauchspeicheldrüse, dem Magen, dem Gehirn usw. Ich löse den Stress, den ich in meinem Kopf, Nacken, Gesicht, in den Schultern, Armen, Händen, in der Brust, im Bauch, Rücken, in den Hüften, Beinen und Füßen angesammelt habe. Genauso lasse ich alle angstvollen Gedanken aus meinem Kopf ziehen.«

3. *Stellen Sie sich vor, wie Ruhe jedes innere Organ in Ihrem Körper durchdringt. Sie geben jedem überarbeiteten Teil Ihres Körpers seinen Frieden zurück.*

Eine gute Nebennierenunterstützung muss an mehreren Fronten angegangen werden – durch Diät, Nahrungsmittelergänzung, Änderungen im Lebensstil und Stressreduktion. Wenn Sie vermuten, dass Sie an einer Nebennierenschwäche leiden, sollten Sie einen ganzheitlich arbeitenden Arzt oder Heilpraktiker aufsuchen, der sich dieses Problems fachgerecht annimmt.

16.
Quell des Herzens: Visualisierung von Wohlergehen und Glück für sich und andere

Einfache Visualisierungen können kraftvolle Meditationen darstellen. Lassen Sie Ihre Vorstellung blühen, wenn Sie den Kontakt mit den tiefen Gefühlen von Großzügigkeit und Freude herstellen, die aus dieser Meditation erwachsen.

Sie können diese Meditation in formellen Sitzungen oder informell nur ein paar Atemzüge lang durchführen. Probieren Sie sie in unterschiedlichen Alltagssituationen aus.

Es kann hilfreich sein, wenn Ihnen jemand anderer den Text vorliest oder Sie ihn sich aufnehmen und ein paarmal vorspielen, bis Sie ihn verinnerlicht haben.

1. *Nehmen Sie eine bequeme Position ein und schließen Sie die Augen.*

2. *Verlegen Sie Ihre Aufmerksamkeit auf Ihren Atem und atmen Sie ein paar Minuten lang achtsam.*

3. *Stellen Sie sich dann vor, wie Sie an einer wunderschönen Quelle in Ihrem Herzen stehen.*

4. *Die Quelle ist das Zentrum eines weiten, strahlenden Raums. Aus ihr fließt das klarste und reinste Wasser, das*

Sie jemals gesehen haben. Sie befinden sich an einem Ort größten Glücks. Entspannen Sie sich und lächeln Sie.

5. *Achten Sie auf die angenehme Lufttemperatur und das Licht, das funkelnd hell ist.*

6. *Neben der Quelle stehen wunderschöne leere Becher. Nehmen Sie einen, füllen Sie ihn mit Wasser aus der Quelle und trinken Sie!*

7. *Bemerken Sie, wie gut das Wasser ist? Es ist das herrlichste und frischeste Wasser, das Sie jemals geschmeckt haben. Es ist kühl und durstlöschend. Sie fühlen sich mit jedem Schluck erfrischter. Sie spüren, wie Sie von Glück und Zufriedenheit erfüllt werden.*

8. *Stellen Sie sich jetzt vor, dass Sie Freunde und Familie einladen, auch vom Quell Ihres Herzens zu trinken. Jeder kommt einzeln heran, jedem bieten Sie einen Becher des köstlichen Wassers an. Jeder lächelt und entspannt sich.*

9. *Führen Sie so viele Menschen an die Quelle, wie Sie wollen. Es gibt genug Raum und genug Wasser für alle. Trinken auch Sie selbst immer wieder, stillen Sie Ihren Durst.*

10. *Verweilen Sie in der Freude und Leichtigkeit, die Sie umgibt.*

11. *Mögen alle Lebewesen glücklich sein!*

17.
Ihre persönliche Meditation

Welche Teile Ihrer selbst benötigen Ihre Herzensgüte und Ihr Mitgefühl in diesem Augenblick? Welche Leute in Ihrem Leben benötigen das?

Nutzen Sie den Raum hier, um Ihre eigene Meditation oder Übung niederzuschreiben, mit der Sie Liebe und Freundschaft schenken können. Lassen Sie sich von Achtsamkeit und Herzensgüte leiten. Sehen Sie genau hin, lauschen Sie tief in sich hinein und vertrauen Sie auf sich selbst!

4

Sich mit der Ganzheit des Lebens verbinden durch tägliche Meditation

Wenn ich heute unangenehme Gefühle wahrnehme, die auf Schmerz oder Angst gründen, will ich diese Gefühle bewusst und mitfühlend annehmen und üben, sie als Teil der übergeordneten Ganzheit des Lebens wahrzunehmen.

In diesem Kapitel

Wenn wir von Schmerz, Aufregung, Gefühlen von Bedrohung, Angst, Isolation, Wut und Verletzlichkeit getrieben sind, können wir manchmal nicht mehr erkennen, dass im Leben jederzeit allumfassende Verbundenheit, Liebe und Weisheit vorhanden sind.

Dann geht uns auch der Sinn dafür verloren, dass es neben dem »Ich« auch noch ein »Wir« gibt. Wenn Sie sich isoliert und verletzlich fühlen, sind Sie außerdem äußerst manipulierbar und werden leicht Opfer von Menschen, die Angst predigen und Erlösung versprechen, egal wie unrealistisch oder kostspielig das auch sein mag.

Aber in jedem Augenblick ist eine wesentlich weisere und mitfühlendere Sichtweise für jeden Menschen verfügbar. Ein gesundes Reagieren, sogar inmitten größter Angst, Bedrohung und Verzweiflung, kann durch achtsame Aufmerksamkeit und das Wissen davon, wie wir unser Herz öffnen können, erreicht werden.

Sie haben im Lauf der Lektüre dieses Buches schon eine Menge über Achtsamkeit, Herzensgüte und Mitgefühl gelernt und, sofern Sie die Meditationen durchgeführt haben, diese Eigenschaften auch in den unterschiedlichsten Situationen und unter verschiedenen Bedingungen unmittelbar erfahren. Achtsamkeit, Herzensgüte und Mitgefühl sind machtvolle Verbündete und werden Ihnen zuverlässig helfen, Ihre Wahrnehmung dessen, was in Ihrem Leben geschieht, zu verändern und eine zufriedenstellende Beziehung zu den Menschen und Situationen, denen Sie begegnen, herzustellen. Mitfühlende Präsenz kann Ihre Handlungen beeinflussen und Ihre Reaktionen auf Herausforderungen wie Furcht, Angst und Panik entscheidend verbessern.

In den Übungen dieses Kapitels werden Sie Ihre achtsame und mitfühlende Aufmerksamkeit auf ein anderes und größeres Ziel ausrichten. Diese bewusste Verlagerung dient dazu, dass Sie Ihren sorgenvollen Geist erforschen und sich Ihres Ganz-Seins erinnern. Indem Sie Ihre Aufmerksamkeit auf einen größeren Blickwinkel ausrichten (der über das »Ich« und das »Mein« hinausgeht, es aber auch einschließt), können Sie sofort wahrnehmen, wie alle Lebewesen dieser Welt auf wunderbare Weise in jedem Augenblick verbunden sind und voneinander abhängen. Wenn Sie sich selbst wieder in diesen größeren Zusammenhang stellen, werden Ihre einsam machende Neigung zu Ängsten und die daraus resultierende Verzerrung Ihres Blicks bald abnehmen, und Sie können Ihr Ganz-Sein als Mensch wieder bewusster leben.

Wenn Sie diesen weiteren Blickwinkel einnehmen, werden Sie die Erfahrungen von Schmerz (körperlichem wie seelischem einschließlich Angst und Verzweiflung) und Isolation achtsam wahrnehmen und ihre Funktion im Gesamtverlauf Ihres Lebens erkennen. Und Sie werden die Gemeinschaft – in guten wie in schlechten Zeiten – mit den anderen Menschen und allen anderen Formen des Lebens auf dieser Erde sehen und schätzen. Zu erkennen, dass Orte und Situationen, die unverwechselbar persönlich erscheinen, tatsächlich auch in der Erfahrung anderer existieren, lässt uns die Verbindungen zur Ganzheit des Lebens unmittelbarer spüren.

Die Meditationen und Übungen in diesem Kapitel kreisen um diese Sichtweise, bei der Sie sich als eingebettet in die

Ganzheit des Lebens wahrnehmen. Einige Übungen und Meditationen in diesem Kapitel beschäftigen sich mit den Herausforderungen Ihres Lebens, während andere Ihnen eine tiefere Wertschätzung für Ihr Verbunden-Sein und Ihren Platz im Leben überhaupt vermitteln sollen.

Wenn Sie sich mit Selbstvertrauen, Achtsamkeit und Mitgefühl dem gegenwärtigen Moment zuwenden, sich einen erweiterten Blickwinkel aneignen und alles, was geschieht, radikal akzeptieren, können Sie die Selbstisolation in Ihrem Herzen, Geist und Körper aufbrechen, mit der Sie bisher gewohnheitsmäßig auf Ihre Ängste reagiert haben.

Beim Üben

Beim Arbeiten mit den Meditationen und Übungen sollten Sie folgende Punkte berücksichtigen und sehen, welche Wahrheit darin für Sie persönlich liegt:

- *Alles, was Sie sehen, fühlen und denken, verändert sich ständig.* Wenn wir achtsam im gegenwärtigen Augenblick verweilen, erkennen wir den wahren Wandel und die Veränderbarkeit von allem in und um uns. Was brauchen Sie, um sich selbst mit dieser Wahrheit des Wandels in Beziehung zu setzen?

- *Nehmen Sie sich selbst (und Ihre Gedanken und Einstellungen) nie zu wichtig!* Gedanken und Einstellungen einschließlich negativer Urteile über uns selbst und andere sind ebenfalls veränderlich und beruhen häufig auf falscher oder unvollständiger Information. Wenn Sie mit offenem Geist und Herzen aufmerksam sind, wird Sie das vor ungnädigen Fehlurteilen bewahren! Es hilft übrigens auch, häufig über sich selbst zu lachen.

- *Sehen Sie genau hin! Das, was jetzt da ist, enthält alle Elemente und Impulse der Vergangenheit.* Der hölzerne Stuhl ist nur eine Phase im Leben eines Baumes. Eine Rosine enthält alle Nährstoffe und die Energie, die es brauchte, um die Traube wachsen zu lassen. Der Stuhl und die Rosine können nicht da sein ohne diese anderen Elemente. Können Sie daraus eine übergeordnete Sichtweise dessen ableiten, was es heißt, »Sie« zu sein? Was besagt das über Ihren Platz im Leben?

- *Was jetzt geschieht, formt die Zukunft.* So, wie die Elemente der Vergangenheit im Hier und Jetzt leben, so wirkt das, was jetzt geschieht, auf den nächsten Augenblick und dieser wieder auf den nächsten usw. Was hat diese Verbindung zwischen gegenwärtigen und zukünftigen Augenblicken mit Ihren Erfahrungen und Ihren Reaktionen auf Ängste und anderen Kummer zu tun? Was könnte diese Verbindung für Ihre Beziehung mit anderen Menschen und Ihren Platz in der Welt bedeuten?

Zur Erinnerung

- Es kann leicht geschehen, dass Sie sich von Teilen Ihrer selbst und von anderen Menschen schmerzhaft getrennt fühlen. Aber diese Gefühle verneinen eine tiefere Wahrheit des Ganz-Seins und der Verbundenheit.

- Wenn Sie lernen, sowohl Ihre Angstreaktionen als auch Ihre Einsamkeitsgefühle mit Erbarmen anzusehen und sich einen weiteren Blickwinkel auf die Erfahrungen, die sich im gegenwärtigen Moment abspielen, aneignen, werden Sie Ihren angstvollen Geist befreien können.

- Wenn Sie bewusst Ihren Platz in der Ganzheit des Lebens wieder einnehmen, werden Ihre Ängste und Sorgen abnehmen, und Sie erleben Ausgeglichenheit und Verbundenheit mit anderen.

1.
In diesem Augenblick: Wieder am Fluss des Lebens teilnehmen

Diese Übung können Sie als Gedankenreflexion oder als Liebende-Güte-Meditation für sich oder jemand anderen durchführen.

Verwenden Sie die Sätze oder Absätze, die Ihnen etwas sagen, in der Reihenfolge, die für Sie die beste ist. Zwischendurch können Sie immer wieder achtsames Atmen praktizieren.

In diesem Augenblick,
da ich mich bedroht fühle und eingeschüchtert
durch Gefahr, Leid und Ungerechtigkeit in dieser Welt,
atme ich bewusst
und sehe genauer hin, weil das Leben eben wild und geheimnisvoll ist.
Möge ich fähig sein, nicht mehr zu hassen, mein Herz zu öffnen und weise zu handeln!

In diesem Augenblick,
in dem ich erkenne, wie abhängig ich davon war, dass Glück, Sicherheit und Gewissheit aus Quellen außerhalb meiner selbst kommen,
atme ich bewusst,

und das Wissen, dass all diese Quellen dem Wandel unterliegen, macht mich weiser.
Möge ich alles, was mich unterstützt, erkennen und ehren, solange es da ist, und frei ziehen lassen, wenn es mich wieder verlassen muss oder ich es verlassen muss.

In diesem Augenblick,
da ich mein Innenleben betrachte und ein Übermaß an Furcht und Arroganz, Verletzlichkeit und Egoismus, Verwirrung und Gewissheit, Hass und Entzücken entdecke,
atme ich bewusst,
und im Wissen, dass mein Ganz-Sein größer ist als alle diese Erscheinungen, löse ich mich aus ihrem Bann.
Möge ich präsent bleiben und meine wahre Beziehung mit allem, was lebt, nicht aus den Augen verlieren.

Während aller Augenblicke und Atemzüge, die mir gegeben sind – einschließlich des letzten:
Möge ich durch Bewusstheit, Weisheit und Mitgefühl wachsen!
Mögen diese Reflexionen in mir Staunen, Vertrauen, Dankbarkeit und Zuneigung für die Segnungen dieses Lebens wecken.

2.
Gebetsrolle

Manche japanischen Buddhisten beten singend und sitzen dabei auf dem Boden vor einem *Gohonzon*, einem Objekt der Anbetung oder einer Gebetsrolle, die in einem kleinen Schrein ausgestellt ist. Ob Sie nun einer offiziellen Religion anhängen oder nicht, der therapeutische Nutzen des Betens wurde durch viele medizinische Untersuchungen bestätigt. Die folgende Übung bietet die Gelegenheit, Ihre persönliche Gebetsrolle zu erstellen und Ihr Leben durch ein tägliches Gebetsritual zu bereichern.

Ein Gebet kann unzählige Formen annehmen – Chanten, Singen, das Wiederholen von Mantras oder Affirmationen oder einfach stilles Beten. Sie können vor jedem Essen beten, um Dankbarkeit auszudrücken. Der Akt des Betens kann eine persönliche und private Kommunikation mit einem höheren Wesen oder Schöpfer sein.

1. *Sie benötigen ein Stück Papier und einen Stift. Vielleicht wählen Sie ja edles Briefpapier oder ein farbiges Geschenkpapier.*

2. *Beginnen Sie damit, Ihr tägliches Gebet für sich selbst niederzuschreiben (zum Beispiel: »Möge mir nichts Böses geschehen. Möge ich geliebt werden und Liebe geben. Möge ich sicher sein. Möge ich glücklich sein. Möge ich gesund*

und munter sein.«). Sagen Sie sich das Gebet, das Sie für sich selbst ausgedacht haben, laut oder in Gedanken vor.

3. *Schreiben Sie nun ein tägliches Gebet für Ihre Lieben nieder (zum Beispiel: »Möge ihnen nichts Böses geschehen. Mögen sie geliebt werden und Liebe geben. Mögen sie sicher sein. Mögen sie glücklich sein. Mögen sie gesund und munter sein.«). Sagen Sie sich dieses Gebet für Ihre Mitmenschen laut oder in Gedanken vor.*

4. *Schreiben Sie zum Schluss ein tägliches Gebet für alle Lebewesen und den Planeten Erde nieder (zum Beispiel: »Möge Frieden auf Erden sein. Mögen Harmonie und Gesundheit herrschen. Möge Herzensgüte für alle vorhanden sein.«). Sagen Sie sich dieses Gebet für das Universum laut oder in Gedanken vor.*

5. *Wenn Sie möchten, können Sie diese positiven Affirmationen einige Male wiederholen und dabei in jedes Wort Ihre ganze Überzeugung hineinlegen.*

3.
Tiefe Vergebung erlangen

Angehäufter Stress und Ängste können dazu führen, dass Sie andere zu Sündenböcken machen und mit dem Finger auf sie zeigen. Vielleicht gibt es alte Wunden, die Ihnen jemand anderer zugefügt hat, und vielleicht glauben Sie ja, diese Person sei Ihr ärgster Feind. Vielleicht haben Sie Ressentiments gegen Ihre Eltern, Ihren Expartner, Ihre beste Freundin oder Ihren Chef. Vielleicht hat jemand Sie hintergangen, und Sie hassen diese Person noch immer dafür.

Verachtung vergiftet, durchdringt Körper und Geist und führt zu Chaos und Angst. Die folgende Vergebungsmeditation soll Ihnen Heilung und Erlösung von diesen negativen Gefühlen bringen.

1. *Erinnern Sie sich einer Person, die Ihnen geschadet oder Sorge in Ihr Leben getragen hat. Wenn es schmerzhaft ist, sich ihr Gesicht vorzustellen, können Sie stattdessen den Namen oder einen Gegenstand als Symbol verwenden.*

2. *Machen Sie sich die Gefühle, die in Ihnen aufwallen, bewusst. Fühlen Sie Empörung, Traurigkeit, Hoffnungslosigkeit oder Paranoia beim Gedanken, dieser Person zu begegnen?*

3. *Betrachten Sie die hochkommenden Empfindungen achtsam. Vielleicht haben Sie das Gefühl, dass Sie brennen vor Bitterkeit, vor Angst zittern oder den Tränen nahe sind.*

4. *Sagen Sie sich folgende Affirmation laut vor: »Ich wünsche dieser Person nur Liebe, Schönheit, Wahrheit und Freude.« Wiederholen Sie diesen Satz zehnmal und sprechen Sie ihn immer langsam und mit Ernsthaftigkeit und Herzensgüte.*

5. *Stellen Sie sich jetzt vor, wie sich die Dunkelheit um Sie lichtet. Ein Gefühl kühlender Ruhe breitet sich von Ihrem Gesicht über Ihren ganzen Körper aus. Sie können kaum mehr an Ihrem Hass festhalten und Sie spüren eine zunehmende Leichtigkeit in Ihrem Herzen, eine Schwerelosigkeit in Ihrem ganzen Dasein. Jede Pore Ihres Körpers strahlt Mitgefühl aus. Es gibt nur noch Vergebung.*

Vielleicht braucht das ein wenig Übung. Wenn es für Sie zu schwierig ist, jemandem Vergebung zu schenken, der Ihnen großen Schaden zugefügt hat, können Sie damit anfangen, jemandem Vergebung zu schenken, den Sie lieben und der irgendetwas Harmloses angestellt hat – zum Beispiel Ihrem Partner dafür, dass er den Abwasch nicht erledigt hat. Das kann eine gute Vorübung für die wirklich herausfordernden Fälle sein.

4.
Reflexion und Dank vor dem Essen

Einen weiteren Blickwinkel einzunehmen, beinhaltet auch ein bewusstes Bedenken der Quellen von Unterstützung und Nahrung in Ihrem Leben. Wenn Sie genauer hinsehen, werden Sie das wunderbare Verbunden-Sein und die gegenseitigen Wechselbeziehungen erkennen, die uns alle erhalten.

Vor jeder Mahlzeit kurz innezuhalten und Dank zu sagen ist weit verbreitet. Die folgende Reflexion und Danksagung kann unabhängig von Ihrem persönlichen Glauben und religiösen Traditionen durchgeführt werden.

Wenn Sie ein tieferes Bewusstsein von Ihrer naturgegebenen Verbundenheit mit anderen in Ihrem Leben entwickeln, werden auch Ihre Ängste gelindert.

1. *Halten Sie vor dem Essen kurz inne, atmen Sie achtsam und betrachten Sie Ihr Essen aufmerksam.*

2. *Sprechen Sie dann laut oder in Gedanken:*
   Erde, Wasser, Feuer, Wind und Raum,
   Unzählige andere haben ihr Leben und ihre Energie gegeben, damit ich essen kann –
   unter diesen Umständen, in diesem Augenblick.
   Mögen ihre Gaben anerkannt und geschätzt werden.
   Mögen ihre großzügigen Gaben allem Lebendigen nutzen.

Hier noch einige Anstöße zum Weiterdenken:

– *Erde, Wasser, Feuer, Wind und Raum.* Bedenken Sie die elementare Natur des Lebens. Wie werden diese Elemente zum Leben benötigt? Wo finden Sie sie? Welche Hilfe und Unterstützung benötigen diese Elemente selbst?

– *Unzählige andere haben ihr Leben und ihre Energie gegeben, damit ich essen kann.* Können Sie bei genauem Hinsehen den Ursprung Ihres Essens erkennen? Was war nötig, um es zu produzieren? Wer musste zurückstehen, damit Sie es haben können? Wer starb und wer lebte innerhalb dieses Prozesses?

– *Unter diesen Umständen, in diesem Augenblick.* Sehen Sie sich um: Wo sind Sie? Wie sind Sie zu Ihrem Essen gekommen? Was war nötig, damit Sie es bezahlen konnten? Wenn Sie Ihr Leben betrachten, wer und was hat Ihnen geholfen, damit Sie jetzt hier sein können?

– *Mögen ihre Gaben anerkannt und geschätzt werden.* Wenn Sie genau hinsehen und darüber nachdenken, werden Ihnen diese Gaben vielleicht endlos scheinen. Diese Erkenntnis wird eine tiefe Dankbarkeit in Ihnen wecken. Lassen Sie Ihre Wertschätzung für die Ganzheit des Lebens wachsen.

– *Mögen ihre Gaben allem Lebendigen nutzen.* Was werden Sie aus Ihrem kostbaren Leben und Ihren Talenten machen? Wie werden Sie die Segnungen derer weitergeben, deren Gaben Ihnen das Essen ermöglichen? Denken Sie nach, welche Möglichkeiten Sie haben, um die Welt positiv zu beeinflussen, und was Sie an Nahrung und Unterstützung dafür benötigen.

5.
Eine neue Brille

Neue Möglichkeiten erwachsen, wenn Sie Ihre Perspektive verändern. Als ob Sie eine neue Brille aufsetzen und ein altes Problem dann mit »neuen« Augen sehen. Manchmal verschafft Ihnen schon eine Veränderung des Blickwinkels einen besseren Überblick über Ihre Situation.

Nehmen wir an, Sie befinden sich gerade inmitten eines frustrierenden Arbeitstags. Dann könnten Sie jetzt versuchen, Ihre Aufmerksamkeit auf etwas zu lenken, das Ihnen Freude macht, Sie zum Lachen bringt oder daran erinnert, wie sehr Sie geliebt werden, also zum Beispiel der Rosenbusch, der in Ihrem Garten blüht, ein Lieblingsfoto oder ein selbst gebasteltes Geschenk von Ihren Kindern.

Warum vermindern Sie also nicht Ihren Stress, indem Sie sich ganz wörtlich von der Quelle der Anspannung abwenden und sich auf etwas Beruhigendes und Angenehmes konzentrieren?

1. *Wenn stressige Gedanken Ihren Tag ruinieren, sollten Sie Ihre Augen einen Moment lang schließen und sich vorstellen, eine rosarote Brille aufzusetzen, die Ihnen erlaubt, die heitere Seite des Lebens zu sehen. Sie erinnert Sie daran, dass alles in Ordnung ist und sich alles von selbst zur Zufriedenheit aller regeln wird. Ihre neue Brille klärt Ihre Sicht und bringt die Schönheit, die Sie umgibt, ans Licht.*

Sie lässt Sie die kostbaren Momente sehen, die Sie oft kaum bemerken, wie den Abschiedskuss von Ihrem Partner, das überwältigende Lächeln Ihres Kindes oder ein freundlicher Gruß Ihres Nachbarn.

2. *Wie sieht die Welt durch Ihre neue Brille aus?*

6.
Meer der Ruhe

Wie viel Kontrolle Sie auch zu haben glauben, das Leben ist und bleibt unberechenbar. Menschen, Orte und Dinge verändern sich, manchmal nach und nach und manchmal ganz plötzlich. Wenn Sie gerade die Sicherheit haben, die Dinge in einer bestimmten Art und Weise zu tun, ändert das Leben seinen Kurs, und Sie sehen sich wieder zunehmender Unsicherheit gegenüber. Doch wenn es auch kein Patentrezept gibt, wie man immer auf jede Veränderung gefasst sein kann, können Sie trotzdem Ihre Perspektive aufrechterhalten.

Es gibt unzählige Meditationen, die Sie durch Veränderung und die Ambiguitäten des Lebens leiten können. Hier ist eine davon. Nehmen Sie diese Meditation auf und sprechen Sie dabei jedes Wort langsam, klar und ruhig aus.

1. *Schließen Sie die Augen und stellen Sie sich vor, Sie sind am Strand, sitzen im warmen Sand, und eine erfrischende Meeresbrise kühlt Ihre Haut am ganzen Körper. Sie fühlen sich sicher und geschützt. Sie beobachten, wie die Wellen kommen und gehen, immer und immer wieder. Jede Welle ist wie Ihr Atem, sie steigt aus der Tiefe auf, erreicht ihren Gipfel und wird wieder eins mit dem Meer.*

2. *Was fällt Ihnen an der Meeresoberfläche auf? Sie ist genau wie Ihr Leben – an manchen Stellen aufgewühlt und rau,*

und jederzeit können Wellen der Unsicherheit hochschwappen. Atmen Sie in diese Augenblicke hinein, die herausfordernd und aufregend sind. Denken Sie daran, dass Sie die nötige Stabilität und Stärke besitzen, dem Sturm zu begegnen. Atmen Sie Ihre Ängste und Zweifel über die Zukunft aus. Was sein wird, wird sein. Aber die Wellen können alle Ihre Geheimnisse und Ängste hinaus ins Meer tragen.

3. *Was geschieht unter der Oberfläche des Meeres? Dort herrscht eine gelassene, stille und kontemplative Atmosphäre. Fischschwärme schwimmen hin und her. Unterwasserpflanzen wiegen sich in einer geheimnisvollen Strömung wie zur Musik. Seesterne malen bunte Muster auf die Felsen. Vielfarbig leuchtendes Sonnenlicht bricht durch das Wasser und transportiert Wärme und Helligkeit nach unten.*

4. *Je nachdem, was das Leben für Sie vorgesehen hat, werden Sie auf der wilden Wasseroberfläche surfen oder in einem Meer der Ruhe schweben. Seien Sie immer achtsam gegenüber dieser Reise, ihren Höhen und Tiefen, den guten wie den schlechten Zeiten, der Freude wie dem Schmerz. Bewegen Sie sich sanft mit jeder Welle.*

Wenn Sie bereit sind, kehren Sie mit Ihrer Aufmerksamkeit in den Raum, der Sie umgibt, zurück. Nehmen Sie das ruhige Auf und Ab des Meeres mit in Ihren Tag.

7.
Was willst du mir sagen?
Ein Gespräch mit Ihrer Angst

Das Vermeiden der angstauslösenden Dinge und Situationen ist offensichtlich einer der Faktoren, die chronische Ängste aufrechterhalten. Wie wäre es, wenn Sie sich der Angst bewusst zuwenden würden, anstatt vor ihr zu fliehen?

Viktor Frankl, der berühmte österreichische Neurologe und Psychiater, überlebte Auschwitz vor allem dadurch, dass er versucht hat, auch den herausforderndsten Situationen seines Lebens einen Sinn zu verleihen. Er glaubte, dass Menschen auf die Herausforderungen ihres eigenen Lebens antworten und ihnen eine Bedeutung verleihen müssen, wenn sie ganz und erfüllt leben wollen. Man könnte Frankls Einsicht auch in der folgenden Frage formulieren: »Was verlangt das Leben von mir in dieser Situation?«

Verwenden Sie diese Meditation für ein Gespräch mit Ihren Ängsten und Sorgen und finden Sie heraus, ob sie Ihnen etwas Wichtiges für Ihr Leben zu sagen haben.

1. *Setzen Sie sich bequem hin. Sammeln und zentrieren Sie sich ein paar Minuten lang durch achtsames Atmen.*

2. *Weiten Sie Ihren Blickwinkel jetzt und rufen Sie sich bewusst eine Situation oder eine Beziehung ins Gedächtnis, die angstvolle Gedanken in Ihnen hervorruft. Heißen Sie*

die ganze Erfahrung willkommen und machen Sie gütig und freundlich Raum für alles, was an die Oberfläche drängt.

3. *Atmen Sie ein paar Atemzüge lang achtsam, wenn Sie sich gegenüber der Furcht und Ihren Ängsten wieder stabilisieren möchten.*

4. *Stellen Sie sich jetzt vor, direkt mit Ihrer Furcht oder Angst zu sprechen, als wäre sie eine Person, mit der Sie Tee trinken. Sprechen Sie mit ihr, als suchten Sie ihren Rat, auch wenn Ihre Angst oder Furcht etwas ist, was Sie einschüchtert und verunsichert.*

5. *Atmen Sie achtsam, wann immer es nötig ist.*

6. *Fragen Sie die Furcht oder Angst, was sie braucht oder was sie Ihnen sagen will. Halten Sie inne und horchen Sie tief in sich hinein, mit offenem Geist und Herzen für alle Antworten, die da kommen mögen.*

7. *Stellen Sie alle anderen Fragen, die für Sie nötig sind, um Klarheit zu bekommen. Respektieren Sie alle Antworten im Bewusstsein, dass sie lediglich Informationen sind, die Ihrer Gesundheit und Ihrem Wohlbefinden dienen.*

8. *Statten Sie zum Schluss Ihrer Furcht und Angst Dank ab – und auch Ihnen selbst für Ihren Mut.*

9. *Welche Erkenntnisse haben Sie gewonnen?*

8.
Das Geschenk der Angst

Wie können meine schlimmsten Ängste ein Geschenk sein, werden Sie sich fragen. Ihr ganzes Leben lang grämen Sie sich schon, weil Sie unter Ängsten leiden. Sie machen Ihre Kinder verrückt mit Ihren ständigen Warnungen. Ihre Freunde verstehen Sie nicht mehr. Die Ängste haben Ihre Beziehungen negativ beeinflusst, Ihr Berufsleben und sogar Freizeit und Urlaub. Und noch immer ist keine Heilung in Sicht.

»Zeig mir einen Beweis, dass von einem angstbesetzten Sorgenbündel jemals etwas Gutes kommen kann«, fordern Sie. Und natürlich gelingt es Ihnen nicht, das Positive zu sehen, wenn Sie sich immer nur mit einer langen Liste von Negativem beschäftigen.

Nehmen Sie sich jetzt Zeit, die Perlen der Weisheit zu betrachten, die am Höhepunkt Ihrer Ängste und Zweifel oft vergessen werden. Fertigen Sie im Geist oder tatsächlich eine Liste von ein paar potenziell positiven Aspekten eines Lebens mit Ängsten wie den folgenden:

- Meine Angst ist ein Geschenk, das mich vorsichtig sein und keine unnötigen Risiken eingehen lässt, so dass ich selbst und andere durch mich keinen Schaden erleiden.

- Meine Angst ist ein Geschenk, das mir Verständnis und Empathie für andere verleiht, die ebenfalls damit leben müssen.

- Meine Angst ist ein Geschenk, das mich eine breite Palette von Gefühlen erleben lässt. Diese Gefühle machen mich lebendig.

- Meine Angst ist ein Geschenk, das ich erfolgreich in kreative Aktivitäten umgewandelt habe, wie Yoga und Schreiben.

- Meine Angst ist ein Geschenk, das mir die Fähigkeit verliehen hat, mit mir und anderen sensibler umzugehen.

- Meine Angst ist ein Geschenk, das ____________________

  ____

  (zum Ausfüllen für Sie selbst)

Ihre positiven Persönlichkeitszüge sollen Sie daran erinnern, an sich selbst zu glauben, sogar wenn Selbstzweifel oder negative Selbstgespräche Sie Ihrer Stärken und Ihrer Schönheit berauben wollen.

9.
Wandlungsmärchen

Der Klassiker *Eine Weihnachtsgeschichte* von Charles Dickens erzählt die Geschichte von Ebenezer Scrooge, der von Geistern heimgesucht wird, die ihm ermöglichen, die Dinge aus einer anderen Perspektive zu sehen, die ihn letztendlich radikal verwandelt. Diese Visionen liefern Scrooge Einblicke in sein vergangenes, gegenwärtiges und zukünftiges Leben und erlauben ihm, sein grausames Handeln und die Konsequenzen daraus unmittelbar zu erleben, so dass er sein Verhalten gegenüber den anderen Menschen ändert.

Welche Geister würden Sie besuchen, und was würden sie Ihnen enthüllen? Die nächste Übung hilft Ihnen, negative Verhaltensmuster aufzuspüren und Ihr Verhalten so zu ändern, dass eine persönliche Transformation möglich wird.

1. *Überlegen Sie, welcher Geist aus der Vergangenheit Sie besuchen könnte. Vielleicht können Sie sich eine besonders unangenehme Erinnerung von einer verlorenen Freundschaft oder einer Trennung oder einer besonders schlechten Zeit für Sie vor Augen rufen. Sie können zwar Geschehenes nicht mehr rückgängig machen, aber was können Sie aus Ihren Erfahrungen lernen? Vielleicht müssen Sie an Ihren Kommunikationsfähigkeiten arbeiten, um in Zukunft Missverständnisse und Konflikte zu vermeiden.*

2. *Was geschieht mit Ihnen im gegenwärtigen Augenblick? Vielleicht sind Sie gerade rastlos und machen sich Sorgen über ein Projekt, an dem Sie arbeiten. Vielleicht sind Sie gestresst, weil Sie sich auf eine bevorstehende Prüfung vorbereiten müssen. Vielleicht hat Sie eine E-Mail von einer Freundin verwirrt, und Sie machen sich Gedanken über ein Missverständnis. Was kann Ihnen der gegenwärtige Konflikt darüber sagen, wie Sie mit Stress umgehen und wie Sie das verbessern können? Müssen Sie vielleicht mehr Sport treiben? Haben Sie sich heute schon etwas Gutes getan? Gibt es etwas, was Sie vor sich herschieben? Wenn dem so ist, sollten Sie jetzt handeln, um ein Leben ohne Ängste leben zu können.*

3. *Nehmen Sie sich eine Minute Zeit, um über Ihre Zukunft nachzudenken. Haben Sie das Bild von sich selbst, dass Sie glücklich sein werden? Dass Ihr Leben erfüllt sein wird? Was können Sie jetzt unternehmen, das Sie einer freudvollen Zukunft näher bringt?*

Reflexionen über Vergangenheit, Gegenwart und Zukunft bieten die Gelegenheit, etwas zu verändern, um Hilfe zu bitten, neue Wege zu finden und Türen zur Veränderung aufzustoßen. Sich mit Ihren Geistern auseinanderzusetzen wird Ihnen Schwung und Motivation verleihen, genau jetzt in diesem Augenblick eine neue Richtung einzuschlagen.

10.
Das Ende der Abneigung: Vergebungsmeditation

Vergebung kann als Beendigung von Abneigung gesehen werden. Wenn man seine Abneigung ständig unbearbeitet mit sich herumträgt, kann sie zum Auslöser oder stabilisierenden Faktor für Ängste vor Begegnungen mit anderen werden, oder sie bewirkt, dass Sie sich selbst als Schuldigen für eine Reihe von Dingen sehen. Unterdrückte und geleugnete Gefühle von Wut und Kränkung befeuern die Abneigung. Das Üben von Vergebung kann diese Gefühle lösen und verhindern, dass sie die Abneigung und das Gefühl des Getrennt-Seins und der Isolation weiter nähren.

Wann immer Sie feststellen, dass Ihre Innenwelt und die äußere Welt durch Abneigung vergiftet sind, sollten Sie die folgende Vergebungsmeditation ausprobieren. Sie werden vielleicht feststellen, dass sie sowohl formell wie auch informell praktiziert ihre Wirkung zeigt und sogar in den schwierigsten Momenten ein kraftvoller Verbündeter ist. Vergessen Sie nie, auch Vergebung für sich selbst mit einzuschließen.

In dieser Übung wird Vergebung *angeboten*, weil wir keine Kontrolle über andere Menschen und ihre Gefühle haben. Das Beste, was wir tun können, ist, Vergebung anzubieten und um sie zu bitten. Im Text wird auch berücksichtigt, dass Kränkungen sowohl mit Absicht oder unabsichtlich zugefügt werden können.

Während Sie Vergebung unter diesen unterschiedlichen Gesichtspunkten üben, sollten Sie achtsam atmen und offen für alle Antworten sein, die in Ihnen auftauchen, und ihnen mit Akzeptanz und Mitgefühl begegnen.

1. Jemandem, der Sie verletzt hat, Vergebung anbieten.
   Denken Sie an jemanden, der Sie in irgendeiner Weise verletzt hat. Stellen Sie sich vor, freundlich mit dieser Person zu sprechen. Sagen Sie in etwa Folgendes: »Für jede Kränkung, die du mir zugefügt hast, sei es mit oder ohne Absicht, biete ich dir Vergebung.«

2. Jemanden, den Sie verletzt haben, um Vergebung bitten.
   Denken Sie an jemanden, den Sie in irgendeiner Weise verletzt haben. Stellen Sie sich vor, freundlich mit dieser Person zu sprechen. Sagen Sie in etwa Folgendes: »Für jede Kränkung, die ich dir zugefügt habe, sei es mit oder ohne Absicht, bitte ich dich um Vergebung.«

3. Sich selbst für jede Kränkung, die man verursacht hat, Vergebung anbieten.
   Denken Sie an eine Situation, in der Sie selbst gekränkt wurden oder jemanden gekränkt haben. Stellen Sie sich vor, in jedem der beiden Fälle freundlich zu sich zu sprechen. Sagen Sie in etwa Folgendes: »Für jede Kränkung, die ich in dieser Situation verursacht habe, sei es mit oder ohne Absicht, biete ich mir selbst Vergebung.«

11.
Den Kreislauf des Grübelns anhalten

Es gibt Zeiten, in denen Ihr Verstand in Endlosschleifen von problematischen Gedanken und Zukunftsängsten gefangen ist. Am schlimmsten ist es nachts, so dass Sie nicht mehr ruhig schlafen können. Die folgende Meditation hilft Ihnen, aus diesem Teufelskreis auszubrechen.

Bevor Sie mit der Übung beginnen, sollten Sie es sich in Ihrem Bett richtig gemütlich machen, sich gut zudecken und am ganzen Körper entspannen. So wird Ihr überaktives Gehirn darauf vorbereitet, dass es Zeit ist, Schluss zu machen und sich in Richtung Schlaf zu bewegen. Sie können die Übung aber auch jeden Abend im Knien neben dem Bett durchführen, so als ob Sie ein tägliches Nachtgebet verrichten wollten. Denken Sie auch darüber nach, eine Aufnahme von dieser Meditation zu machen, und sprechen Sie dafür Wort für Wort langsam, deutlich, klar und ruhig aus.

Der Schlaf erwartet Sie, aber zuerst will Ihr Verstand noch ein paar Spielchen mit Ihnen spielen und Ihnen zeigen, wer das Sagen hat. Vielleicht will er noch ein paarmal um sein Gedankenspielfeld traben, um sicherzustellen, dass er nichts vergessen hat.

Nehmen Sie Ihren Geist mit auf eine Reise ans Ende des Universums. Diese Reise beginnt damit, Danke zu sagen. Fangen Sie dabei beim Allerkleinsten an und wandern Sie langsam bis zum Allergrößten.

1. Beginnen Sie bei sich selbst: *Ich bin dankbar für diesen Körper, für die Zellen, Moleküle, das Blut, die Venen, Arterien, Nerven, Organe, Muskeln, Sehnen, das Fleisch und die Knochen. Ich bin dankbar für meinen Kopf, das Gesicht, das Haar, den Hals, die Arme, Schultern und Finger, die Brust, den Rücken, den Rumpf, die Hüften, den Hintern, das Becken, die Oberschenkel, Waden, Knöchel, Füße und Zehen.*

2. Wandern Sie jetzt zu Ihrer Umgebung: *Ich bin dankbar für dieses Bett, die Matratze, die Decken und Kissen, das Nachtkästchen, die Lampe, den Teppich, das Bild und die Fotos an der Wand, die Schuhe, Kleider, den Schreibtisch, das Schlafzimmer, den Flur, die Küche, das Bad, das Wohnzimmer, den Esstisch und mein ganzes Zuhause.*

3. Gehen Sie weiter hinaus aus Ihrem Zuhause: *Ich bin dankbar für den Garten, den Vorgarten, den Gehweg, die Nachbarn, die Autos, das Café, den Laden an der Ecke, die Wäscherei, die Straße, die Autobahn und die Stadt. Ich bin dankbar für jeden Samen, jede Wurzel, jeden Grashalm, Busch, Baum, Rasen und Garten. Ich bin dankbar für jede Stadt, jede Region, jedes Land, jeden Kontinent und den Planeten Erde. Ich bin dankbar für den Himmel, die Sonne, den Mond, die Sterne, das Sonnensystem, das Universum und alle nahen und fernen Galaxien. Ich danke in Demut dafür, dass alles ohne Ausnahme verbunden ist. Ich überlasse meinen Verstand, meinen Körper und meinen Geist dem freien Fall des Schlafs.*

12.
Neugier pflegen

Wenn Sie mit irgendeiner Furcht oder Unsicherheit gegenüber Neuem leben, ist Ihre Fähigkeit, die Welt mit Staunen zu betrachten, blockiert. Dabei kann es sehr erfüllend sein, Neues und Nie-Gekanntes zu erleben. Wenn Sie Ihre Neugier pflegen, tauchen Sie tiefer in die Fülle des Lebens ein. Und lernen dabei zusätzlich eine Menge über sich selbst und die Welt.

Das nächste Mal, wenn Sie sich dabei ertappen, dass Sie sich einem neuen Hobby verweigern, nach dem Immer-Gleichen verlangen oder Informationen über ein neues Thema ablehnen, sollten Sie diese Übung ausprobieren, mit der die Bereitschaft zu Neuem vergrößert wird. Vielleicht finden Sie dann mehr Zufriedenheit und Sinn in Ihrem Leben.

1. *Ihre Neugier zu pflegen fängt damit an, Ihr volles Potenzial für Neugier auszuloten. Überlegen Sie sich, welche Aktivitäten oder Hobbys Sie bereits mit Freude ausüben: ins Fitnessstudio gehen, lesen, kochen, handarbeiten, Vögel beobachten, im Garten arbeiten, Kreuzworträtsel lösen, radfahren, wandern usw. Vielleicht haben Sie auch ein vertieftes Interesse an bestimmten Themengebieten wie Pflanzen, Computer, Psychologie, Biologie, Geschichte usw.*

2. *Welche neue Aktivität, welches Interessensgebiet würden Sie sich noch gerne genauer ansehen? Vielleicht möchten*

Sie ja einfach mal einen neuen Weg vom Büro nach Hause ausprobieren? Oder Sie möchten unbedingt in ein bestimmtes Land reisen? Oder vielleicht wollten Sie schon als Kind Klavierspielen lernen, haben aber dann das Interesse verloren oder waren als Erwachsener einfach immer zu beschäftigt. Überlegen Sie, ob Sie sich für einen Zeichenkurs anmelden könnten, in einen Buchclub eintreten oder Swingtanzen lernen möchten. Laden Sie zur Unterstützung eine Freundin zum Mitmachen ein, damit Sie Ihre Schwellenangst überwinden.

Es ist nicht wichtig, dass Sie gleich hier und jetzt eine neue Sache anpacken. Ihre Neugier hat sich schon beim Aufschlagen dieses Buchs eingestellt und wirkt dann, wenn Sie sich Gedanken über neue Interessensgebiete machen. Staunen und Inspiration in neuen Dingen zu finden ist ein stärkendes Gegengewicht zu Furcht und Angst. Wenn Sie Ihre Neugier an neuen Dingen üben, werden Sie nicht jeden Zweifel in sich beseitigen, aber Sie werden offen für einen positiven Glauben an die Zukunft und einen frischen Blick aufs Leben.

13.
Miteinander glücklich sein: Meditation der geteilten Freude

Können Sie die Freude eines anderen Menschen spüren, so dass sie Freude in Ihnen selbst weckt? Natürlich können Sie das! Verbunden durch die Ganzheit des Lebens, erfahren wir Menschen solche Momente immer wieder. Aber wie oft erwecken Glücksmomente anderer in Ihnen ganz gegensätzliche Gefühle?

Wenn Sie ganz bewusst Anteil an der Freude eines anderen nehmen (*geteilte Freude*), können Sie den negativen Gefühlen von Neid und Selbstkritik entfliehen, die so oft, ohne dass Sie es wollen, als Reaktionen auf das Glück anderer auftauchen.

Die folgende Übung zeigt einen Weg, als formelle Meditation oder auch informell geteilte Freude zu praktizieren. Sie werden begeistert feststellen, dass das Mit-Freuen aufrechterhaltende Faktoren chronischer Ängste und Sorgen wie Selbstkritik und Unsicherheit bekämpft. Wie das funktioniert? Es ist ganz einfach: Je mehr Freude Sie durch das Verbunden-Sein mit anderen spüren können, desto weniger Macht werden Furcht und Isolation über Sie ausüben. Hier die geteilte Freude als formelle Meditation:

1. *Nehmen Sie eine bequeme Haltung ein und atmen Sie ein paar Minuten lang achtsam.*

2. *Denken Sie an einen Freund oder eine geliebte Person, die in letzter Zeit vom Glück gesegnet war.*

3. *Stellen Sie sich diese Person genau vor. Lächeln Sie und entspannen Sie sich, während Sie sich ihr Glück in Erinnerung rufen.*

4. *Denken Sie über die glückliche Fügung und die positive Wirkung auf diese Person nach. Öffnen Sie sich der Freude und dem Wohlergehen dieses Menschen. Nehmen Sie dabei Ihre eigene Freude oder das Lächeln, das auf Ihrem Gesicht erscheint, bewusst wahr.*

5. *Stellen Sie sich vor, dass Sie mit Zuneigung und Dankbarkeit mit dieser Person sprechen. Sie könnten zum Beispiel sagen: »Möge dein Glück ewig währen!« oder »Mögest du immer so zufrieden sein!«*

6. *Baden Sie, solange Sie wollen, wohlig in diesen Gefühlen von Freude und Wohlergehen.*

Und so können Sie informell im Alltag geteilte Freude praktizieren:

1. *Üben Sie, wenn jemand eine gute Nachricht oder sein Glück mit Ihnen teilt, entweder sofort oder später allein, mit Enthusiasmus zu reagieren. Sie könnten zum Beispiel sagen: »Ich wünsche dir, dass dein Glück ewig anhält!« Oder: »Ich wünsche dir, dass du immer so zufrieden bist!«*

2. *Bevor Sie etwas sagen, sollten Sie sich aber ganz bewusst der Freude und dem Wohlbefinden des anderen zuwenden und diese Gefühle dieselben Gefühle in sich selbst wecken lassen. Verweilen Sie nach Ihren Glückwünschen und später, wenn Sie sich noch einmal in Gedanken dieser Person zuwenden, in diesen Gefühlen.*

3. *Erhalten Sie sich die Gefühle von Glück und Wohlbefinden und lassen Sie sich von ihnen trösten.*

Wenn Ihr Geist abwandert oder andere Gedanken auftauchen, während Sie eine dieser Übungen ausführen, dann haben Sie *keinen* Fehler gemacht. Lassen Sie diese Gedanken ziehen und wenden Sie sich wieder dem Gefühl der Freude zu. Denken Sie daran, dass Gedanken nur Gedanken sind. Sie müssen nicht dagegen ankämpfen und sie auch nicht nähren. Bei dieser Meditation geht es um das Erfahren und Genießen von Gefühlen des Glücks.

14.
Zeit der Heilung

Wenn Sie an chronischem Schmerz oder einer Krankheit gepaart mit Ängsten leiden, sind Sie vielleicht von Hoffnungslosigkeit überwältigt. Hier ist eine geleitete Meditation, die Heilung und Erholung für Sie selbst und andere bringt. Machen Sie eine Aufnahme von dieser Heilungsmeditation und sprechen Sie dafür jedes Wort langsam, klar und deutlich aus. Hören Sie die Aufnahme dann einmal am Tag an, wenn Sie entspannt sind. Mit zunehmender Übung wird Ihnen diese Meditation helfen, den Kampf mit Ihrem Schmerz oder Ihrer Krankheit sein zu lassen und die Pforten zur Genesung aufzuschließen.

1. *Die Zeit für die Heilung ist genau jetzt gekommen. Sie entspannen Ihren Körper und gönnen ihm die Ruhe, die er braucht. Keine Eile ist nötig, kein Problem muss jetzt bearbeitet werden. Vergessen Sie alle Arbeitspläne, To-do-Listen, E-Mails, Rückrufe und anderen Erledigungen. Verabschieden Sie sich von allen Ablenkungen und anderen Aktivitäten. Ihr Körper hat einen natürlichen Rhythmus, und Sie begleiten ihn zu einem Ort der Ruhe und Entspannung. Widerstehen Sie dem Drang, diesen Fluss stiller Ruhe wegen irgendetwas Dringendem, das Ihnen gerade einfällt, zu unterbrechen. Es kann warten. Sie können warten.*

2. *Seien Sie geduldig mit Ihrem Körper, so dass Sie mit neuer Gesundheit, Vitalität und Stärke aus der Entspannung hervorgehen können. An diesem Hort der Ruhe lassen Sie Wut, Furcht und alle anstrengenden Gedanken ziehen. Hier gibt es keinen Platz dafür. Aber Sie müssen auch nicht gegen Ihren Zustand ankämpfen. Kämpfen nutzt Ihnen nicht und hat Ihre Situation selten verbessert.*

3. *Es war ein langer und frustrierender Weg, für so lange Zeit Schmerzen zu erdulden, eine Krankheit mit sich herumzutragen. Deswegen ist diese Heilungsmeditation von so großer Bedeutung. Wenn Ihr Körper und Geist anfangen sich zu entspannen, kann auch die eigentliche Heilung beginnen.*

4. *Stellen Sie sich nun ein heilendes Licht vor, das Ihren Körper umgibt und Gesundheit und Wohlbefinden in sich birgt. Visualisieren Sie diese strahlende Heilungsenergie, wie sie nach außen pulsiert und Ihre Freunde, Ihre Familie und alle, die Sie lieben, einschließt. Weiten Sie diese heilende Kraft dann nach und nach auf die ganze Menschheit, alle Lebewesen auf der Welt und den ganzen Planeten aus – so dass allen Gesundheit, Kraft und Harmonie zuteil wird.*

15.
Grenzenlose Liebe

Für viele Menschen steht die Kraft der Liebe außer Frage. Wir sprechen hier nicht von romantischer oder freundschaftlicher Liebe. Bedingungslose Liebe schließt die absolute Bereitschaft ein, sich um das Wohlergehen anderer zu sorgen, ohne Bedingungen, ohne Urteil oder Richtlinie. Das bedeutet, dass Sie ohne Einschränkung lieben, ganz egal, was der andere tut, wie er sich benimmt. Sie lassen die Vergangenheit los. Sie bieten Mitgefühl und Verständnis ohne die Erwartung oder den Wunsch, dass etwas davon erwidert wird. Bedingungslose Liebe kann gedeihen, wenn Sie anderen mehr Liebe schenken und auch mehr davon in Ihrem Leben bekommen.

Wie können Sie Ihre Fähigkeit, bedingungslose Liebe zu schenken und zu empfangen, verbessern? Nutzen Sie diesen Augenblick, um Ihr Herz mit einer Atemmeditation geliebten Menschen zu öffnen, der Gemeinschaft aller Menschen, der Natur und dem Kosmos. Suchen Sie sich einen meditativen Ort, setzen Sie sich in Ruhe hin, schließen Sie die Augen, atmen Sie tief ein und wiederholen Sie dann jeden Satz in Kombination mit einer Ausatmung. Üben Sie das einige Minuten lang.

Der Geist der Liebe ist überall um mich.
Ich verkörpere den Geist der Liebe.
Liebe wohnt in mir und allen anderen zu jeder Zeit.
Ich bewege mich zur Liebe hin.

Andere bewegen sich zur Liebe hin.
Ich lasse die Furcht ziehen, die andere wegstößt.
Ich umarme die Liebe, die andere anzieht.
Liebe erlaubt mir, mich verbunden und geschätzt zu fühlen.
Wenn ich liebe, erlaube ich auch den anderen, sich verbunden und geschätzt zu fühlen.
Gib mir die Kraft, grenzenlose Liebe zu schenken.
Gib mir die Kraft, grenzenlose Liebe zu empfangen.
Das menschliche Herz hat die Fähigkeit, alle Menschen, Orte und Dinge zu jeder Zeit zu lieben.
Liebe ist eine Kraft der Natur, die niemand aufhalten kann.
Liebe ist ein Geschenk der Seele, das mit dem Universum geteilt werden will.
Liebe ist im Überfluss vorhanden, und es gibt genug davon für jedermann.

16.
Mach dich bereit, mir zu folgen! Eine Meditation über Tod und Weisheit

Alle Lebewesen, die in der Ganzheit des Lebens verbunden sind, sind auch durch die Realität des Todes verbunden.

Das Ende der physischen Körper ist unvermeidlich. Aber beschatten das Leugnen des Todes oder angsterfüllte Vorstellungen von seiner Realität nicht so oft unser Leben und unsere Beziehung zu anderen im gegenwärtigen Moment?

Die mangelnde Bereitschaft, Veränderung und Tod als Teil des Lebens anzuerkennen, und die unerforschte Furcht, die mit Trauer und Verletzlichkeit einhergeht, sind gefährliche Faktoren, die Ängste und Sorgen in Bezug auf viele Erfahrungen und Situationen des Lebens aufrechterhalten.

Um Ihren angsterfüllten Geist zu beruhigen, bieten wir Ihnen diese Meditation an, in der es um die Wahrheit des Todes geht und die Weisheit, die jeden erwartet, der sich dieser Wahrheit öffnet. Durch weises und mitfühlendes Anerkennen der Natürlichkeit des Todes und durch eine meditative Reflexion über die tiefe Furcht vor Veränderung, Verletzung und Kontrollverlust können Sie die Fähigkeit erlangen, sich zu öffnen, und eine Wiedererweckung zum Leben erfahren, in all seiner Rätselhaftigkeit, die uns mit Staunen erfüllt.

Man kann auf viele Arten über Tod und Sterblichkeit nachdenken und meditieren. Hier ist ein Beispiel dafür. Vielleicht möchten Sie andere Arten genauso ausprobieren. Mögen alle Ihnen Erkenntnis bringen!

1. *Nehmen Sie sich für diese Übung viel Zeit und suchen Sie einen friedlichen Ort dafür aus.*

2. *Setzen oder legen Sie sich bequem hin.*

3. *Atmen Sie ein paar Minuten lang achtsam und kommen Sie im gegenwärtigen Moment an.*

4. *Als Hilfe zum Entspannen und Eintreten in diese Meditation können Sie sich vorstellen, dass Sie von einem leuchtenden Ball aus wunderbarem Licht umhüllt sind. Oder dass Sie sicher und geborgen in den Armen oder im Schoß des höchsten und heiligsten Wesens ruhen, das Sie sich vorstellen können.*

5. *Wenn Sie bereit sind, beginnen Sie mit der folgenden Reflexion.*

6. *Sagen Sie sich langsam und ruhig die folgenden Sätze vor und achten Sie auf alle Antworten in Ihrem Innern. Vielleicht möchten Sie auch nach jedem Satz eine Pause machen und achtsam atmen.*

   – *»Keiner ist vom Tod ausgenommen.«*

   – *»Der Tod kann zu jeder Zeit und auf viele Arten kommen.«*

– *»Weder Reichtum noch die Liebe oder irgendeine Anstrengung anderer kann uns vor dem Tod bewahren.«*

7. *Nachdem Sie diese Sätze gesprochen und Ihren Antworten gelauscht haben, stellen Sie sich selbst folgende Fragen:*

   – *»Wie kann ich die Wahrheit des Todes besser und tiefer annehmen und damit umgehen?«*

   – *»Beeinflusst meine Furcht oder mein Widerstand gegenüber dieser Weisheit mein Leben? Und wie?«*

   – *»Kann ich in eine weisere und mitfühlendere Beziehung zu mir selbst und anderen treten, wenn ich die Realität von Tod, Verlust und Verletzlichkeit willkommen heiße?«*

Fahren Sie mit dieser Meditation und den darin enthaltenen Reflexionen so lange fort, wie Sie möchten. Führen Sie sie so oft durch, wie es hilfreich für Sie ist. Lassen Sie sich von der daraus gezogenen Weisheit Mut, Freude und Anerkennung für die Kostbarkeit Ihres Lebens und des Lebens all Ihrer Lieben schenken.

17.
Ihre persönliche Meditation

Welche Herausforderungen und Segnungen, die auf etwas Größeres und Übergeordnetes hindeuten, hält das Leben gerade für Sie bereit?

Nutzen Sie den Raum hier, um Ihre eigene Meditation oder Übung niederzuschreiben, mit der Sie einen größeren Blickwinkel einnehmen und Ihren Platz in der Ganzheit des Lebens wahrnehmen können. Lassen Sie sich von Achtsamkeit und Herzensgüte leiten. Sehen Sie genau hin, lauschen Sie tief in sich hinein und vertrauen Sie auf sich selbst!

Nachwort

Wir leben im gegenwärtigen Augenblick.

Und wir leben auch in unserer physikalischen Form und teilen unser Leben mit anderen Menschen und einer unglaublichen Vielfalt weiterer Lebewesen.

Jeder von uns lebt im Zusammenspiel mit elementaren Energien und Kräften der Natur, die ununterbrochen unseren Planeten, die Erde, formen und verändern.

In jedem Augenblick sind für den, der genau hinsieht und sich sanft genug öffnet, das Verbunden-Sein und die Wechselwirkungen der unterschiedlichen Lebensformen und Lebensströme sichtbar. Bedingungen, Handlungen, Konsequenzen und Möglichkeiten sind für die, die klar sehen können, offensichtlicher. Weises und mitfühlendes Handeln ist die natürliche Folge von bewusster Präsenz und klarem Sehen.

Wenn wir Furcht, Angst und Sorge erlauben, unsere Wahrnehmung und unsere Handlungen negativ zu beeinflussen und anzutreiben, dann sind unsere Möglichkeiten – die persönlichen und die, die wir als Art für unseren Planeten haben – beschränkt, und die Entscheidungen, die wir treffen, lassen zu oft Schmerz und Leid andauern. Gefangen in Demoralisierung, Hilflosigkeit und Verzweiflung, die überwältigender Furcht und Angst folgen, geht das Geheimnis des Menschseins mit seinen wunderbaren und staunenswerten Möglichkeiten verloren.

Und doch hat jeder Mensch schon jetzt alles, was er braucht, um den Begrenzungen und Einschränkungen von Furcht und Angst zu entfliehen.

Indem Sie die Sprache der Bewusstheit und die Fähigkeit zur Bewusstheit erlernen, mutig die Praxis der Achtsamkeit und offenherzigen Aufmerksamkeit umarmen und aus der Weisheit handeln, die aus sensibler und gütiger Aufmerksamkeit in allen Momenten des Lebens erwächst, befreien Sie sich von der Macht der Furcht und Angst über Ihr Leben. Und Sie werden wirkungsvoller zum positiven Wandel und zur Heilung in unserer Welt beitragen.

Die Meditationen, Übungen und Techniken in diesem Buch sollen Ihnen helfen, die Ihnen innewohnende Fähigkeit zu Leichtigkeit, Präsenz, Herzensgüte und Verbunden-Sein in diesem Leben zu entdecken. Diese Meditationen *geben* Ihnen nichts. Sie zeigen Ihnen nur den Weg zu dem, was Sie bereits sind. Sie müssen nur dorthin gehen.

Das Potenzial zu radikaler Transformation der persönlichen Ansichten und Beziehungen wartet auf jeden, der sich irgendeine dieser Techniken zu eigen macht und sie in seinem Leben beständig übt.

Indem Sie sich – durch die Fähigkeit von Bewusstheit und Herzensgüte – Ihrem Ganz-Sein und all Ihren Möglichkeiten öffnen, bieten Sie auch anderen Menschen und der ganzen Welt neue Hoffnung.

Mögen Sie, die Menschen, die Sie lieben, und alles Leben auf dieser Welt Nutzen aus Ihrem Üben ziehen und das Geschenk der Präsenz und des Mitgefühls empfangen!

Literaturhinweise

Begley, Sharon: Neue Gedanken – neues Gehirn, Goldmann 2007.

Bourne, Edmund: Arbeitsbuch Ängste & Phobien: Schritt-für-Schritt-Übungen und Meditationen zum Umgang mit Panik, negativen Selbstgesprächen und Angst auslösenden Körperzuständen, Goldmann 2008.

Brantley, Jeffrey: Der Angst den Schrecken nehmen: Achtsamkeit als Weg zur Befreiung von Ängsten, Arbor-Verlag 2006.

Frankl, Viktor E.: Der Mensch vor der Frage nach dem Sinn. Eine Auswahl aus dem Gesamtwerk, Piper 2008.

Goleman, Daniel: Dialog mit dem Dalai Lama: Wie wir destruktive Energien überwinden können, Hanser 2003.

Kabat-Zinn, Jon: Zur Besinnung kommen, Arbor-Verlag 2006.

Kabat-Zinn, Jon: Gesund durch Meditation. Das große Buch der Selbstheilung, 6. Aufl., Fischer 2006.

Siegel, Daniel J.: Das achtsame Gehirn, Arbor-Verlag 2007.

Weiterführende Literatur

Rosenberg, Larry und Guy, David: Living in the Light of Death: On the Art of Being Truly Alive, Shambala 2001.

Salzberg, Sharon: The Force of Kindness. Sounds True, Inc. 2005.

Tolle, Eckhart: Eine neue Erde: Bewusstseinssprung anstelle von Selbstzerstörung, Goldmann 2005.

Jeffrey Brantley ist Arzt, beratender Mitarbeiter im Duke Department of Psychiatry und der Gründer und Direktor des Programms »Stressbewältigung durch die Praxis der Achtsamkeit« (Mindfulness-Based Stress Reduction, MBSR) im Zentrum für Integrative Medizin an der Duke University in Durham, North Carolina. Er ist Autor mehrerer Bücher.

Wendy Millstine arbeitet als freie Autorin und ganzheitliche Ernährungsberaterin mit Schwerpunkt Diät und Stressreduktion in Oakland, Kalifornien.